総合人間学 15 （特別号）

コロナ禍を生きぬく、問いあい・思いやる社会を創造できるか

～いのちのつながり、子どものまなびと学術の自由の危機が問うもの

総合人間学会　編

本の泉社

はじめに

コロナ禍で出版事業の売り上げはコミックと児童書を中心に好転し、特に『鬼滅の刃』は空前のヒットとなり電子出版の盛況を牽引した（NHK調査2021年1月）。その中で「コロナ危機」をタイトルにした出版物は数多くある。本書を企画したのは2020年7月のことだから、1年後の情況が見通し難い中で、特色ある企画であるためには、「総合人間学会」の出版物であるということを活かす他はない、と思われたのである。

総合人間学会は、憲法学者で『憲法第九条』（岩波新書）などの著作や家永教科書裁判の支援でも活躍した小林直樹や、動物学者であり、羽仁進との共著『ペット化する現代人 自己家畜化論から』（NHKブックス）、自然保護運動などで著名な小原秀雄らによって2006年に設立された。

この市民、学生、学術研究者からなる団体は、ゴーギャンの「我々はどこから来たのか、我々は何者か、我々はどこへ行くのか」（1897年、ボストン美術館）という問いかけに応えようとしている。今の情況を深く理解し、その彼方にあゆみ出るためには、このゴーギャンの絵のタイトルのような長いスパンをもった問いかけが切実に響く。

学問は、断片的な知識が思いがけないかたちでつながり、自然や社会の事象の内的な関連について総合的な洞察が得られたときに飛躍的な進歩が起こってきた。総合人間学のいう「総合」という言葉には、人間という極めて複雑な事象の理解においても、一側面からの知識ではなく、ものごとの総合的な連関の洞察に至らなければならないという思いがある。

しかし、どんなに総合的に構成された知であっても、それだけでは歴史は変わらない、という視点も「人間学」

という言葉に込められていると思われる。人間自体を知の対象として、いわば他人事として、非人称的に述べている限り、その知は、一人称の「私」にとって切実に響かない。唯一の存在者、この他ならない私の、社会的他者への倫理的応答責任を果たすという関わりぬきに、知の合理性のみを根拠とする「私」は、全体主義的な管理・統制の合理性に、いともたやすく呑み込まれてしてしまう。〝神〟のようなＡＩがその〝合理性〟の本質を覆い隠すだろう。

本特集において、著者たちは各人各様の語りを取り繕うことなく表現された。そこで述べられていることだが、子どもは大人に向かって、まっすぐにものを言う。「ママはコロナになる前に大人になれていいなあ」……。通常の大学生活を送る機会を奪われた学生は、「立ち止まり思考する」機会を得、「大学に入学して学ぶことにどのような意味があるのか」などと問いはじめた。社会システムの当たり前、そこに依存、もしかしたら従属、しているという自覚をもつことなく流れていた日常が中断したとき、我々は自分の存在の根拠について考え、「問う」ことを始める。何を、誰に向けて、どのように？　イタリアの高校の校長は手紙で「私たちの貴重な財産――社会組織や人間性を守るには、理性的な思考を持ってください」と高校生に呼びかけた。この校長はそう呼びかけることで、「私」の対話者としての在り方を示したのである。

総合人間学会出版企画委員長　中村　俊

総合人間学15（特別号）　コロナ禍を生きぬく、問いあい・思いやる社会を創造できるか
〜いのちのつながり、子どものまなびと学術の自由の危機が問うもの〈目次〉

コロナ禍が映しだす人間社会の危機
―パンデミック後に起る時代の変化とは？―

古沢広祐

はじめに　パンデミックの出現

世界保健機関（WHO）が新型コロナ（COVID―19）のパンデミック（世界的感染拡大）を宣言した2020年3月11日時点では、感染者数が11万人強で死者数が4千人余り、その約7割は中国国内であった。その後、中国では抑え込んだが6月末に感染者は世界中で1000万人となり、死者が50万人に達した。12月初旬に感染者6350万人、死者150万人となり、2021年5月23日時点での感染者は約1億6700万人、死者が345万人を超え（日本国内での累計感染者は約72万人、死者約1万2000人）、拡大が続いている（米ジョンズ・ホプキンス大学システム科学工学センター集計）。あくまで統計的に示された数字だが、わずか1年余りでこのような事態がこの世界に出現したことは大方の予想を超える出来事であった（図1）。

図1　世界7か国の感染者総数の推移

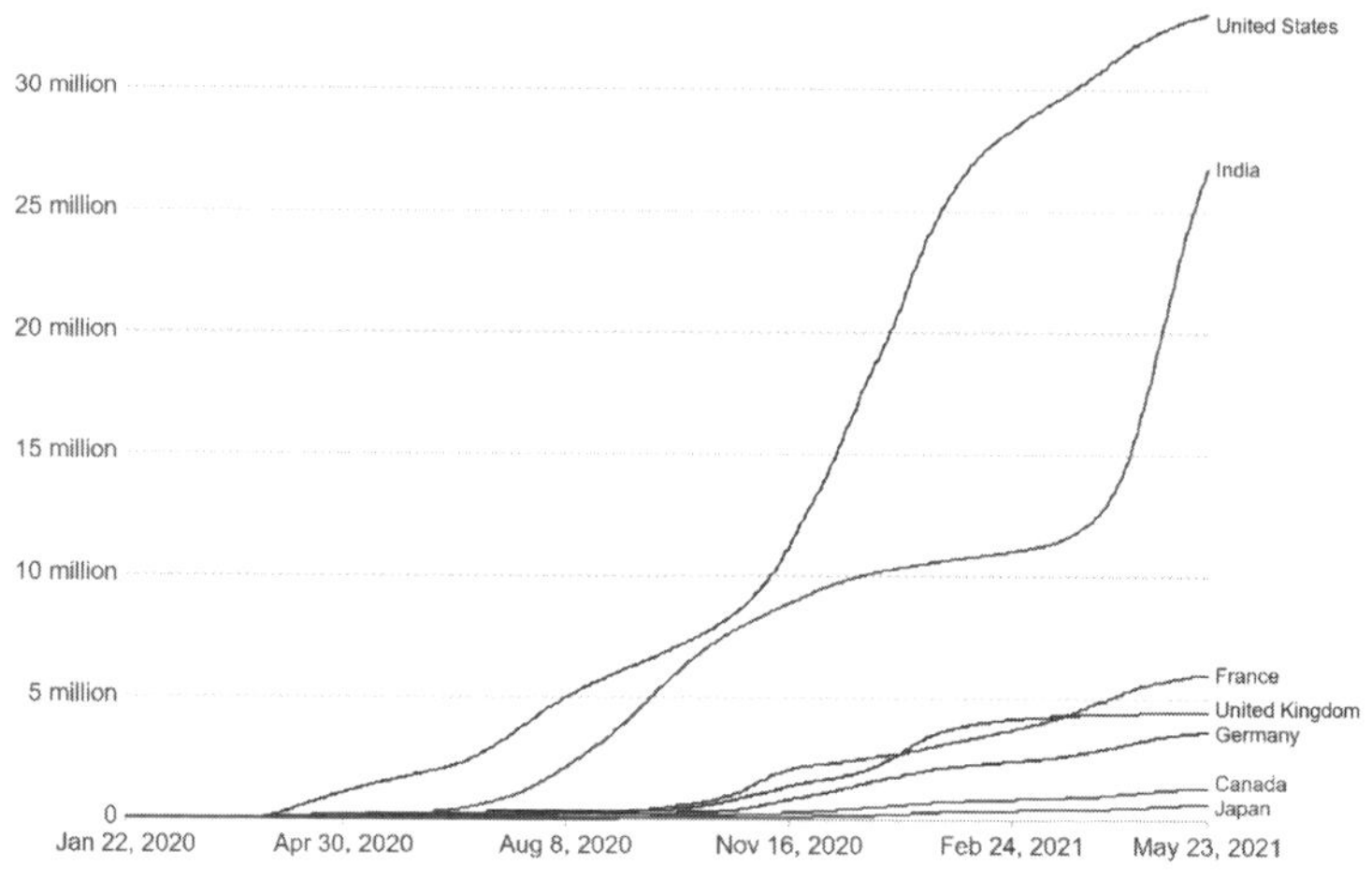

出所：　Our World in Data：Coronavirus（COVID-19）Cases
https://ourworldindata.org/covid-cases

事態の推移は予断を許さないが、この度の危機の深刻さは人間社会のあり方をさまざまな側面から大きく揺るがす奥深いものである。コロナ禍の動向は、初期の緊急事態の混乱期をへて、多くの国で第2波、3波と波状的な拡大が続くなかで、ワクチン接種の普及での収束に望みをかける動きとなっている。しかしウイルス特有の変異種の出現も広がっており、事態の推移はなかなか見通すことはできない。

今回の危機は、人間社会を大きく揺るがす深刻な事態であるとともに警告的意味をもっている。その背景には、急速に進む開発（自然破壊）や気候変動（温暖化）の影響が指摘されている。実際に、エルニーニョ現象（異常気象）時には感染症の増大傾向が示されている。とくに気候危機と呼ばれる事態においては、世界各地で森林火災、豪雨と干ばつ、バッタの大発生などが起き、日本でも洪水被害の深刻化など、直接的な自然災害の増大が懸念されている。今後に心配されることは、個別の危機以上に各種深刻な事態が重なり合う複合リスク的な状況である。

コロナ禍の背後で進行している事態としては、とりわけ新興感染症の続発状況が心配されている。徴候的には、新型インフルエンザ（過去のスペインかぜを筆頭に何度も流行）、エボラ出血熱（１９７６年）、エイズ（後天性免疫不全症候群・ＨＩＶ、１９８１年）、ＳＡＲＳ（重症急性呼吸器症候群、２００３年）、ＭＥＡＲＳ（中東呼吸器症候群、２０１２年）、高病原性鳥インフルエンザ（２００３年以降頻発傾向、ヒト感染への変異を警戒）などが起きており、新興感染症の増大が警戒されてきたのだった。とくに新興感染症の過半が動物由来感染症であり、今回の新型コロナ感染症（ＣＯＶＩＤ―19、ウイルス名はＳＡＲＳ―ＣｏＶ―２）の起源としては、コウモリやセンザンコウ経由が疑われている。また人間への直接感染とはなっていないが、国内で鳥インフルエンザの急拡大（過去最高の１千万羽の殺処分、２０２１年４月現在）、アジア地域でのアフリカ豚熱（ＡＳＦ）の大流行や口蹄疫の発生確認などが起きており警戒されている。

今回のコロナ危機が問いかけている論点は、多岐にわたる。近年になって新興感染症が多発してきた背景や原因、治療薬やワクチン開発への期待と課題（限界）、各種の社会的ひずみや経済格差の深刻化、とりわけ社会的に弱い立場への負荷の集中、そしてコロナ世代と呼ばれる青少年、子供達の教育現場での深刻な事態が顕在化しており、日本のみならず世界的に問題視されている。多岐にわたる論点があるなかで、本稿では総合人間学にひきつけて、とくに自然と人間の関係性（環境的視点）と社会・経済的な影響と変動（社会的視点）を中心にして、危機的事態への見方と今後の見通しや展望について現時点での制約のなかで私論を示してみたい。前半にて、人間・自然関係における論点の明示を試み、後半にて、現代社会の変容と内在する諸矛盾の現れ方に関して考察する。

1. パンデミックと複合的なグローバルリスク
――人間・自然関係を中心に人と感染症との長い関わり

もともと人類の歴史は、感染症への対応について長らく悩まされてきた。その背景には、動物由来の感染症との長い付き合いがあり、文化・風習の形成や、人間集団の勢力圏の攻防においても大きな影響を与えてきた。世界史的な出来事としては、モンゴル帝国の拡大を契機に14世紀末の欧州におけるペストの大流行による大幅な人口減などがよく知られている。日本においても疫病による甚大な被害がたびたび起きてきた。近代以降、急激な人口増加による人類の大繁栄は、栄養改善とともに公衆衛生や抗生物質の利用による感染症の克服が大きく貢献した。それはこの200年余りでの出来事であり、ワクチン開発が1798年、細菌の発見が1876年、ウイルスの発見が1898年（電子顕微鏡による実物確認は1932年）、抗生物質の発見が1928年であった。こうした近代医療の発展と普及が大きな効果を発揮したことで、一時期には人間は感染症との戦いに勝利したとの楽観論も現れた。だが、最近はそうした楽観論は影をひそめた。それどころか、抗生物質への耐性菌問題とともに、次々に出現し変異する感染ウイルスの脅威を前にして、ウイルスの反乱、ウイルスとの戦い、人類の天敵ウイルスなどの言説が生まれ、恐怖心や敵視する風潮も出始めている（ヘニッグ 1996　石 2018）。

他方、近年の新たな感染症の出現は、人間自身が問題を深刻化させてきた側面も指摘されている。冒頭でもふれたが、大規模な自然破壊で生息地を失った野生動物が病原体を拡散する事態や、地球温暖化による感染症の誘発、とくに従来は隔たりを維持してきた原生的自然（野生）への大幅な介入が誘因となったと考えられている。さらに近年の野生生物の商業的取引・利用の急速な拡大（ペット、ブッシュミートと呼ばれる食肉利用、薬用他）なども引き金になってきたとされる。とくに野生生物の合法・違法をふくむ過度な商業取引の増大や、人間の側でも巨大過密都市の拡大や大規模・集約的な巨大畜産業の普及などによって、感染症が頻発・拡大しやすい条件が広がっている。

多くの感染症が動物由来であり、いわゆる人獣共通感染症への脅威が強調されることで、最近は野生生物への過度な危険視や排除（駆除）の動きなども生じている。既述したようにウイルスや病原菌を敵視し、あたかも戦争のように見立てて、その撲滅をあおるような言説まで現れている。こうした風潮は、人間と感染症、細菌やウイルスとの関係を敵対的関係として狭い利害関係でのみとらえる傾向からきている。これは近代の人間中心主義的な考え方、自然を支配してコントロールすることで大繁栄を謳歌してきた風潮と無関係ではない。

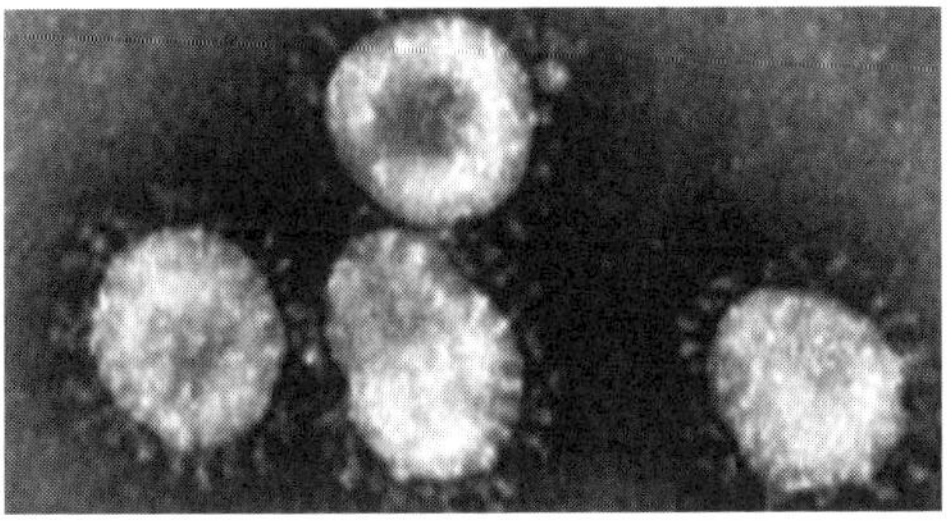

伝染性気管支炎ウイルスの電子顕微鏡写真：出典ウキペディア

しかし近年、他方ではより根源的に状況をとらえ直して、従来の生命・自然観を問い直す視点も新たに生まれている。従来の狭い人間中心主義に対する問い直しである。それは最近さまざま視点から提起されており、たとえば腸内細菌（腸内フローラ）をはじめ土壌や海洋の無数の微生物たちが想像以上の巨大な世界を構成していることへの再認識などがある。これはコペルニクス的世界観の変革（パラダイム・チェンジ）とでも言うべき動きと言ってよかろう。例えば人間を構成する細胞数の約37兆個に対して、体内・体表面には約１００兆個もの細菌や菌類が住み着いており、複雑な共生・共存・対抗関係の中で私たちはバランスを保っている存在であるとの認識である。海の中でも海洋生物の全体の半分以上９割近くを微生物が占めているという（ブレイザー 2015　モントゴメリー 2016）。

病魔と見る視点から共生・健康概念の拡張へ

自己増殖できない超微細なウイルスに関しては、未知なことがまだ多いがその不可思議さとともに巧妙な働きが近年徐々に明らかにされつつある。その量的な試算での興味深い指摘としては、「海のウイルス全体に含まれる炭素の量は2億トン、シロナガスクジラ7500万頭に相当する膨大なものになる。仮にウイルスをつなげると、全体の長さは1000万年光年になる」というのである（Nature 437, 356, 2005　山内 2006）。

ウイルスの起源や働きに関しては研究が活発化しており、微生物から大型生物まで種の壁をこえて遺伝子を伝搬させる働き（遺伝子の水平伝搬）があること、その働きに注目してウイルス進化説まで登場するなど、不可思議な働きをめぐって議論が続いている。生態系の調節作用としても、海中のウイルスがプランクトンの大発生（「赤潮」など）を抑制してバランスを維持していることなどが明らかにされている。ウイルス感染で進化が起きてきたとの実例としては、哺乳類が胎盤形成を獲得した過程でウイルス感染が関与していた事例が明らかにされている。さらに真核生物の誕生・進化に巨大ウイルスが関与していた可能性も指摘されており、議論は尽きないのが今日的状況である（武村 2017　河岡 2021）。

まさに生物多様性の土台を形作る根源的な姿が、超微細な細菌類や生物モドキと言うべきウイルスの世界として広大に拡がっているのである。お釈迦様の手の内で暴れまわる孫悟空の寓話が示唆するように、繁栄をとげている人間という存在が、いかに小さな存在かを改めて再認識させられるような状況とみることができる。生物界の分類や系統樹を見てもわかるが、大半は微細な生き物たちが占めている。それらのほんの一端に、私たち動植物が位置している（図2）。地球上での生物誕生は約40億年前と考えられているが、多細胞生物の出現と発展はかなり後の約

図２　生物の分類

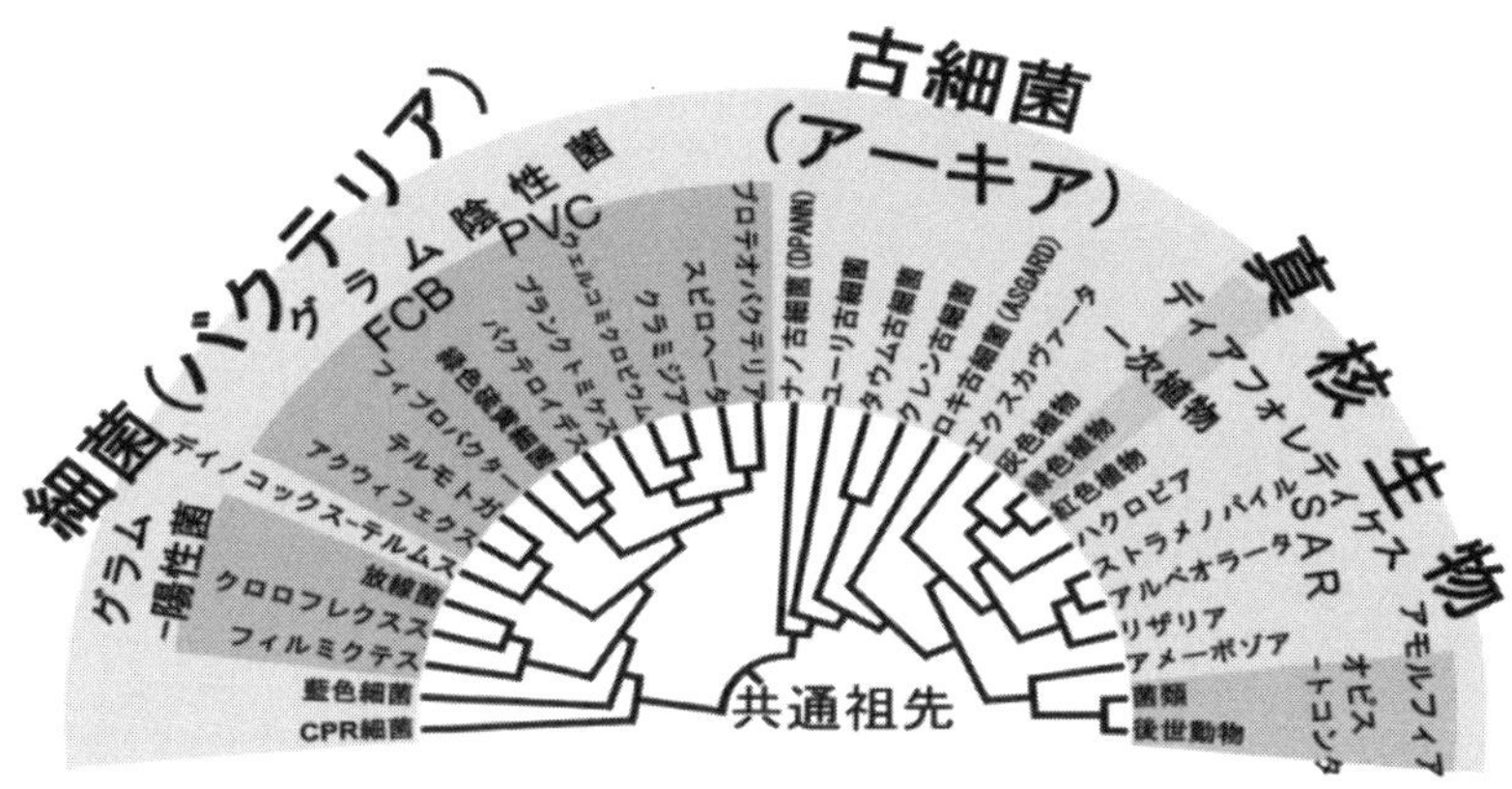

出典：フリー百科事典ウィキペディアより

6億年前頃からであり、現存の哺乳類の出現は約5～6千万年前でしかない。悠久の生物進化のドラマにおいては、私たち人間の認識レベルを超えた広大なダイナミズムが内在してきたことが明らかにされてきた。こうした認識をもつことは、人間存在を支えている土台を見直すことであり、世界認識について新たな視野を私たちに提示してくれることにつながる（山内2018）。

実際のウイルス感染で甚大な被害を生じる事態への対処としては、人類の英知を結集して取り組まねばならない。それは人間の立場としては当然のことである。しかし、近視眼的に目の前の脅威を排除し相手を撲滅するというような視点だけでは、人間と自然の関係性の奥深さやダイナミズムを見落とす危うさがある。よく考えれば、ワクチン開発や治療薬といっても、それは自然界で起こる巧妙な仕組みの一つを私たちが理解して、甚大な被害を最小化するような手立てを見出したことに過ぎない。敵を撲滅して克服するというようなことではなく、そうした対処を前提としつつも、一歩さがってウイルス禍という事態をどのように受けとめるかについては、背後に考慮すべき事柄が多くある。

危機を脅威とだけで見るのではなく、私たちの存在の底層部分

（悠久の世界）において新たな視点を獲得する契機になり得るとの見方は重要である。人間存在に関し、従来の枠組み（世界観）を超えた生命観や自然に対するより深い認識をもつことで、未来を生きるための新たな視点や世界観への道が開かれる可能性がある。それは危機に対する向き合い方への土台の再構築であり、私たちを次なる地平へと導くための新視点となるかもしれない。

ウイルスが問う人間中心主義 ――「ワンヘルス」から「プラネタリー・ヘルス」へ

新型コロナは氷山の一角として現れた現象であり、各種の新興感染症の増大（とくに人獣共通感染症）の背後には、既述の通り人間活動の甚大な影響が懸念されている。その意味では、感染症などの病気に関して背後にあるさまざまな要因を考慮する視点が重要である。病気やそれに対する健康という概念に関しても、その背景や土台部分にまで視野を広げて考えるべき時を迎えている。すなわち自然・人間関係の視点として考えたとき、私たちは今や「健康」の考え方への大幅な拡張が迫られているのである。実際、21世紀に入ってまもなく、野生生物・家畜（ペットを含む）・人間の「健康」が互いに連鎖しているとの視点が生まれており、総合的に観る考え方として「ワンヘルス」概念が提示されている（2004年、マンハッタン原則）。

日本でも2015年に日本ワンヘルスサイエンス学会が設立されており、その学会趣意書には、「……ヒトだけの健康を追求するのではなく、私たち人間社会においても動物や環境の健康をトータルにとらえ、考えていかなければならない時代が来ていると考える。そのため、ヒト、動物、環境の健康は共通しており（one health）、環境保全、生物多様性を含めヒト、動物、環境は深くつながっている（one world）と認識する。……」と記載されている。2016年には、「第2回 世界獣医師会―世界医師会 “one health” に関する国際会議」が北九州市で開催され、世

図３　ワンヘルスの理念

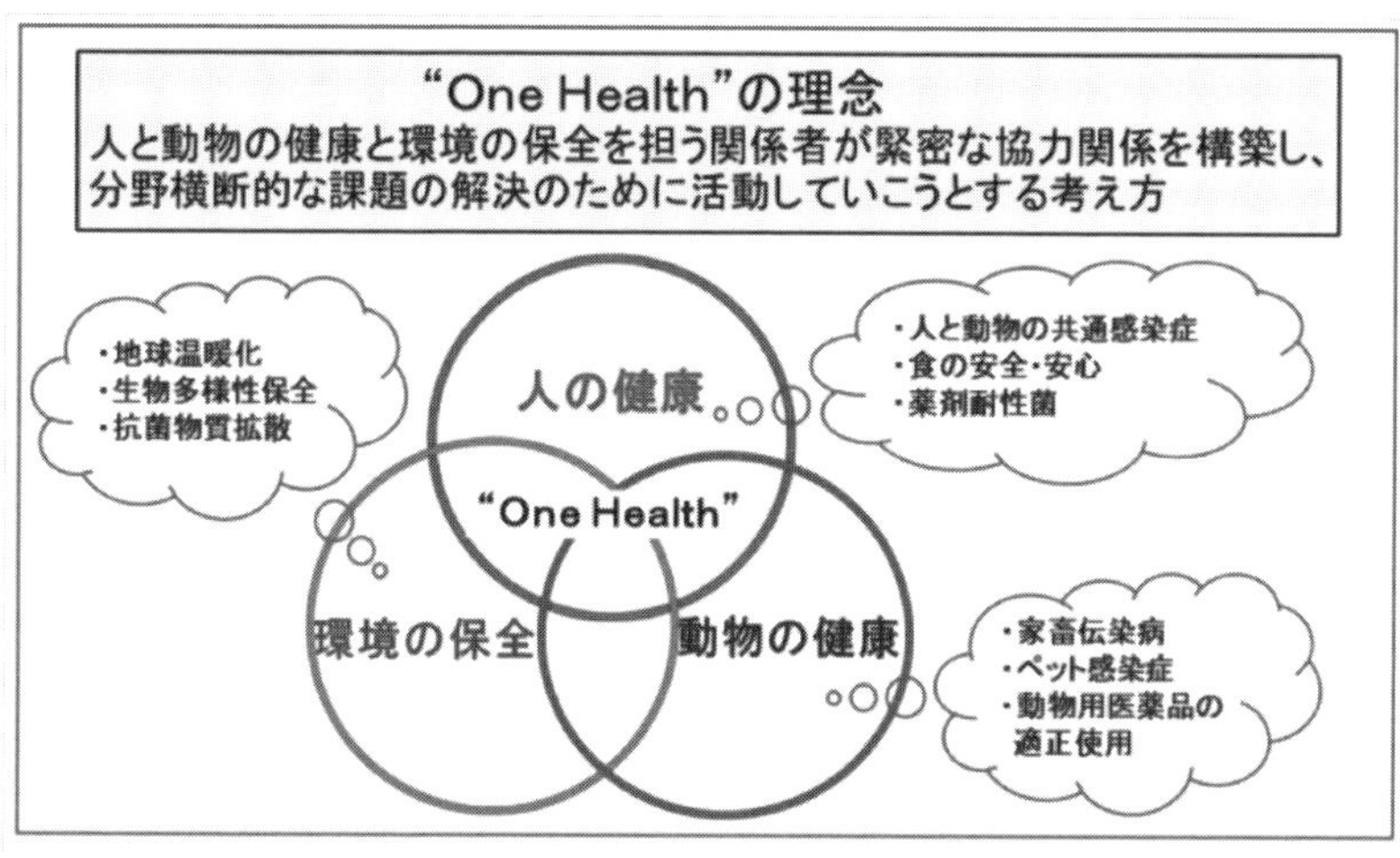

イメージ図の出所：福岡県生活衛生課 HP

界中から多数の医師、獣医師が参加して「福岡宣言」が採択された（ワンヘルスの理念、図3参照）。その後、福岡県議会は人・動物・環境まで一体的に捉える「ワンヘルス＝健康は一つ」の理念を実践につなげるために、「ワンヘルス推進基本条例」を制定したのだった（２０２０年12月）。

世界的には、ワンヘルスの概念に基づいた活動としては感染症の多発地帯のアフリカ地域で展開されており、モデル的な事例としては東アフリカで１９９７年に発生した人獣共通感染症のリフトリバー熱への対応がある。感染症を引き起こす要因として、気象条件（大雨や洪水）、媒介生物、家畜感染、人間への感染拡大の関係経路を明らかにしていくことで、各種の予防対策が事前にとられることで感染拡大が防げるようになったのである。

現在、ＷＨＯ（世界保健機関）、ＯＩＥ（国際動物保健機構、旧国際獣疫事務所）、ＦＡＯ（国連食糧農業機関）が共同でワンヘルス・アプローチ導入のための手引書を作成しており、ＷＢ（世界銀行）も同様の冊子を刊行している。自然界の諸生物（生態系）の中で各種感染の波が静かに繰り返されてきたなかで、

図４　感染症の生態的関連性

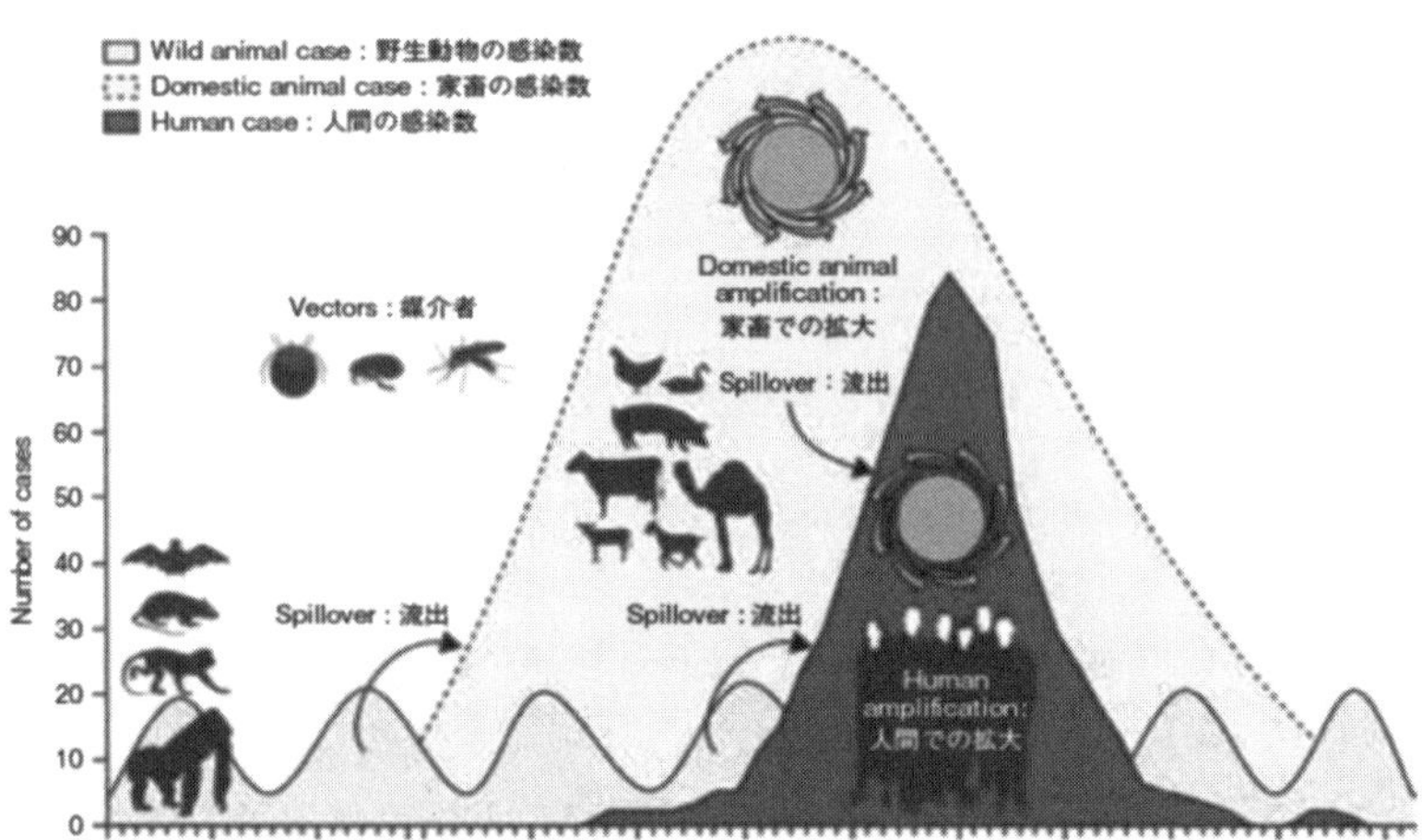

出典：古沢（農業と経済・臨時増刊号、p.26）

時おり家畜やペット類から人間にまで感染の波が及んでくる様子（メカニズム）がわかりやすく図示されている（図４）。図に示されているように、イメージ的には各種の感染が起きている様子が人間世界をとりまくダイナミックな相互作用として示されている。これまで、各地で地域的にこのような感染の波が長年の間くり返されて歴史的に続いてきたのであった。それがグローバル化の進展と重なり合うかたちで、近年その規模が急拡大してきたのが今日の世界の状況である。従来は比較的狭い範囲での感染の規模だったものが、人口の密集（都市）化や家畜類の大規模飼育の普及によって急拡大し、そして近年の移動・交通ネットワークの爆発的発展に比例してまさにグローバル化したのであった。

今回の新型コロナ（ＣＯＶＩＤ−19）のパンデミックは、起こるべくして出現した現象の一つと言ってよい。現在、ワンヘルスの概念やアプローチについては、コロナ対策においてもその重要性が改めて認識されている段階だが、効果的な対応についてはワクチンや治療薬の開発に集中している。事態が進行中ということもあるが、医学、獣医学、生態学、環境学などの垣根をこえた総合的な視点や対応策については、重要性は意識されつつも模索段階にあるのが現状と言ってよかろう。新たな視点への拡張としては、ワンヘルスからもう一歩踏み込んださらなる概念の拡張も試みられている。

個別事象の背後にある諸要因の関連性に注意が向けられて、総合的視点の重要性がクローズアップされてきた。「健康」概念の拡張としては、最近ではより大きな視野から地球システムを「健康」という視点でとらえ直す「プラネタリー・ヘルス」の概念も提唱されている（２０１４年、医学誌 The Lancet ジャーナルにて提唱、２０１５年活動組織が結成）。同様の動きには「エコシステム・ヘルスとサステナビリティ」誌の刊行などもある（２０１５年）。このような考え方については、すでに身近なところでの動きとしては、人間の健康と地球環境の持続性を共通しているものと認識する考え方として広がったロハス（LOHAS: lifestyles of health and sustainability）の概念がある。人々の消費や生活スタイルが地球環境に悪影響を及ぼさない生活様式として提唱されたものであった（１９９８年）。また日本や韓国などで再認識・評価されるようになった「身土不二（しんどふじ）」（私の身体と大地は一体である）の思想などとも共通する考え方である。

あるいは、人と動物の健康・福祉を共通の基盤としてとらえる考え方として動物福祉（animal welfare）があるが、その背景においても共通する考え方（世界観）の進展を読み取ることができる。動物福祉については、国際的ガイドラインが１９７８年にユネスコ「動物の権利世界宣言」として公表され、１９８９年の改訂版で次のような考え方、「……すべての生命は共通の起源を持つ、……世界における種の共存は人類が他の種の生存権を認めることを前提とする、……動物の尊重は人間自身の尊重と不可分である」が明記されたのだった（世界動物権宣言、前文の一部より抜粋）。そして動物の病気防御のための国際組織「国際獣疫事務所（ＯＩＥ）」も、２００３年「国際動物保健機構（ＯＩＥ）」と呼ばれるようになり、従来の動物検疫のみならず動物福祉や食品安全の基準策定に取り組みだしたのだった（松木 2008）。

動物福祉の背景には、動物愛護や人権・福祉概念の拡張という流れに加えて、生産効率のみを重視してきた近代的畜産の矛盾、ＢＳＥ（狂牛病）や過密飼育による薬剤耐性菌問題（抗菌剤の多用）などへの反省も影響した。スイスでは１９８０年代年からケージ飼育の禁止政策（動物保護法）が行われ、ＥＵ（欧州連合）レベルでは２０１２年から従来型の身動きできないケージは禁止されている。興味深いのは、適正飼育（家畜福祉、Farm Animal Welfare：ＦＡＷ）によって健康的で安全に育てられている畜産品を供給するとの考え方が展開されており、ＥＵでは「福祉品質」（Welfare Quality：ＷＱ）という科学的評価法と独自ブランドが推進されている（松木 2017）。

以上、さまざまな分野において「健康」という概念が次第に拡張されてきたこと、私たち人間を支えている奥深い土台にまで視野が広がってきた様子がわかる。つまり、危機的事態への対処としては、その奥底にある自然と人間の密接不可分な関係性の認識と再構築こそが重要なのである。たんに病原菌やウイルスを排除し敵視するのではなく、相互依存や共存・共生的関係についても認識していくことで、より良い在り方や生き方（well being）を再構築する方向へと舵取りしていく展開である。

新型コロナのパンデミックに対して、当面はワクチンなどによる鎮静化が図られていくだろうが、対症療法的なリスク対応に関しては変異種の出現や副反応リスクなど、課題と限界もある点に留意したい。ワンヘルスやプラネタリー・ヘルスといった視点が浮上しているのだが、環境改変や気候変動問題への総合的な政策対応と連動した展開になるかどうかは不確かである。治療薬やワクチン開発だけに留まることなく、健康の土台となる環境や生態系のあり方に配慮した持続可能な社会の構築（根本的対処）に向けて、今回の危機を今後の社会の再構築、新たな展開につなげる契機とすることができるかが、まさに問われているのである。

2．現代世界の変容と内在する諸矛盾
——社会・経済関係を中心に

危機克服への経済・政治、国際社会の変革の必要性

コロナ危機においては、対自然関係以上に問題なのが社会のあり方をめぐる課題であり、大きな岐路に立つことが各界から問題提起されている。事態の推移に関しては、危機を契機に矛盾が深刻化し悪循環的な事態を招くか、現状の回復やより抜本的な変革へ向かうか、さまざまな将来的シナリオが想定できる。実際の世界は、恐らくまだら模様として進行していくことだろう（古沢 2020 a）。危機の時には、その社会がはらむ弱点や諸矛盾がくっきりと映し出される面がある。その際に、矛盾を無いものの如く取り繕い、覆い隠すだけに終わるのか、変革のチャンスにしていく契機となるかが問われている。変革といっても、その内容は一枚岩ではなく正負の諸側面をもつと思われる。

歴史をふり返ってみると、社会的な変化が大きく進む契機としては、戦争・革命・疫病・大災害などによる危機対応がきっかけになることがよくある（シャイデル 2019）。そうした経緯や事態を現代世界に重ね合わせるならば、今回のパンデミック後に進行する事態への対応についても、時代を画する転機となる可能性を内包している。その予感的な想いをいち早く示した例として、コロナ禍の発祥地とされる中国武漢市に住む作家の方方（ファンファン）

氏のブログ（日誌）発信や（方方2020）、歴史学者で『サピエンス全史』などで知られるユヴァル・ノア・ハラリ氏の問題提起があり、世界的に共感を呼んだ。以下にその一部を引用する。

「……ひとしきりの疫病で、無数の人間模様が暴露されました。そして中国各地の役人の基本的レベルもあらわになりました。さらにわれわれの社会の疾病も露呈しました。これは、今回のコロナウイルスよりもたちが悪く、いつまでも治らない疾病です……」（1月30日）。

「……一つの国家が文明的かどうかを計る尺度は、高層ビルが多いとか、車が速いとか、強大な武器や軍隊を持つとか、発達した科学技術、優れた芸術、派手な会議や光り輝く花火や、全世界を豪遊し、モノを買いあさる観光客が多いかどうかではない。尺度はたった一つ。それは、その国の弱者に対する態度なのです……」（2月24日）

出典：【地球コラム】「封鎖解除の武漢、コロナ「記憶」は消し去られるのか」時事ドットコム、2020.04.12

「……いくつもの国がまるごと、大規模な社会実験のモルモットの役割を果たす。誰もが自宅で勤務し、遠隔でしかコミュニケーションを行なわなくなったら、何が起こるのか？　小学校から大学まで、一斉にオンラインに移行したら、どうなるのか？　平時なら、政府も企業も教育委員会も、そのような実験を行なうことにはけっして同意しないだろう。だが、今は平時ではないのだ。

この危機に臨んで、私たちは2つのとりわけ重要な選択を迫られている。第1の選択は、全体主義的監視か、それとも国民の権利拡大か、というもの。第2の選択は、ナショナリズムに基づく孤立か、それともグローバルな団結か、というものだ。……」

出典：ユヴァル・ノア・ハラリ「新型コロナウイルス後の世界――この嵐もやがて去る。だが、今行なう選択が、長年に及ぶ変化を私たちの生活にもたらしうる」フィナンシャル・タイムズ（記事全文公開）２０２０年3月20日

いずれも危機を目の前にしての直後の発信だったが、その後の世界の先行きを見通しており、1年余たった今でも強い説得力をもつ。前者の方方さんの指摘は、従来の価値観やこれまでの発展のあり方に対する痛烈な批判であり、コロナ禍が映し出した矛盾を赤裸々に示して注目されたのだった。コロナ禍の後に立ち現れる世界への危惧として、従来通りないしはそれ以上に矛盾含みの世界に戻りかねない懸念が率直に表現されていた。実際、国情もあってその後の発言については、陰に陽に圧力を受ける生活を余儀なくされている様子が報道されている。

ハラリ氏がいち早く指摘した全体主義的監視社会の現実は、自身が住むイスラエルでも進行しており、パンデミック後に現れる世界情勢への懸念として広範な注目を集めた。感染拡大を防止する有効な手段としては、人々の交わりや直接的な接触（3密）の回避が求められており、強制的なものから共感（信頼、同調圧力を含む）までさまざまな手段が駆使されてきた。生命の危機という脅威を前にして、社会の対応は権威主義的な管理や強制を受け入れやすくなりがちである。集団感染を防ぐ公衆衛生的な手法としては、社会を集団として管理・統制することを優先しやすいし、人々の側でも緊急事態として受け入れてしまう傾向となりやすい。

問題としては、こうした緊急事態的な状況下での社会対応として、諸矛盾への目配りや社会的配慮が見落とされがちとなることである。まさに民主主義社会としての社会形成が、なし崩しにされかねない事態が心配されるのである。エッセンシャルワーカーへの再評価と待遇改善、不当解雇や窮地におちいる社会的弱者への配慮と救済など

（外国人・非正規労働者、女性、児童、等々）、矛盾が続出している点では、文明国としての弱者への対応力がまさに試されているのである。

残念ながら諸外国でも日本でも、弱者への対応は不十分どころか強権的な国家が勢いづくような事態が生じている。日本でも諸矛盾が噴出するなかで、政策対応は後手に回っており、国会審議も不十分どころか不祥事問題が続発してきたのだった（接待疑惑、閣僚・議員の汚職疑惑ほか）。とくに現政権での学術会議の任命拒否問題などをみても、不都合（法律違反）を覆い隠すような行為がまかり通るような状況が立ち現れている。不満や不安がくすぶり続けるなかで、社会の立て直しは困難を極めている状況にある。はたして「より良い復興（Build Back Better）」がどこまで期待できるか、事態は悪循環的な方向におちいりかねない危機を迎えているかにもみえる。

リスク多発時代、人間社会のあり方、ＳＤＧｓへの期待

はたして危機を変革の契機とすることができるのであろうか。今回に限らず、各種災害時には、社会的な弱者に大きなしわ寄せを生じやすい。たとえばリーマンショック（２００８年）時に顕在化した貧困・格差問題は、今回の災禍でより深刻化する恐れが出ている。その意味では、国連のＳＤＧｓ（持続可能な開発目標）が基本とする「誰も取り残さない」「一番脆弱な所に手を差し伸べる」ことの真価が問われている。

２０１５年、国連総会・サミットにて採択された「持続可能な開発のための２０３０アジェンダ」とＳＤＧｓは、貧困・飢餓・不平等・ジェンダー格差をなくし、気候変動、海陸の生態系の保全などを目指す17のゴール（大目標）と１６９のターゲット（小目標）からなる野心的な目標である。コロナ禍が世界に急拡大し続けているなか、国連ＳＤＧアドボケート共同議長が次のような共同声明を発表した（6月17日）。ＳＤＧアドボケート（主唱者）と

は、ＳＤＧｓを牽引し啓蒙する任務を国連事務総長から託された人々（17人）であり、その共同議長（ノルウェー首相、ガーナ首相）が、危機的事態と感染克服への決意を表明したのだった。そのごく一部を、以下に抜粋する。

「……COVID－19の世界的大流行（パンデミック）は、私たちの地球規模のシステムの根本的弱点をさらけ出しました。貧困の広がりや脆弱な医療制度、教育の不足、グローバルな協力の欠如が危機をさらに悪化させていることを明らかにしたからです。……今回のパンデミックは、ＳＤＧｓに勢いがつき始め、多数の国々が順調な前進を遂げている中で生じました。……２０３０年までにＳＤＧｓの目標３（健康・福祉）を達成できる見通しを著しく損なう一方で、その他すべてのＳＤＧｓにも深刻な影響を及ぼしています。……ＳＤＧｓの一部で前進が損なわれたとしても、意気消沈すべきではありません。むしろ、この行動の10年で『より良い復興』を遂げ、さらに健全、安全、公正かつ豊かな世界をつくるための取り組みを加速し、深めていくきっかけとすべきなのです」

（出典：国連広報センター、https://www.unic.or.jp/news_press/info/38063/）

こうした決意表明がなされた背景は、単にＳＤＧｓを頓挫させないばかりでなく、危機を契機により積極的な改革こそが期待されるからである。実際問題として、共存・共生の理念よりも、差別的な態度、他を押しのけて自分だけが生き残っていくような、敵対と排除、そして分断という負の連鎖が起こりかねない状況が一方で進行している。自分達だけが安全で健康は成り立たないこと、互いに依存しあうグローバル世界の現状において、世界が連帯して問題解決していく道、その重要性を再確認するために、改めてＳＤＧｓの意義が明確に示されたのだった（古沢 2020 a）。

今回の感染症は、現代のグローバル社会にまさしく適合（フィット）して直撃し、猛威をふるっている。それは、急拡大するグローバリゼーションへの警鐘であり、世界の発展のあり方への質的転換ないし構造変革を迫る出来事であるととらえられる。悲観的な見方としては、危機がさらなる破局を誘発していく、経済危機、国家対立、分断・排除と他者攻撃などといった不安増長の悪循環的シナリオに陥る危険性が心配される。こうした懸念のみならず、パンデミック後に現れる政治体制については、ハラリ氏が指摘するように、強権的な全体主義（統制）社会に向かうか、民主・市民（自立自治）型社会に向かうかの問いかけがある。危機を契機に、デジタル経済化が一挙に進展する動きがあるのだが、その際にも監視社会の脅威、デジタル資本主義による人々の管理問題として、プライバシーや人権にかかわる民主主義社会としてのあり方が、対立軸として先鋭化しはじめている（ゲーテ・インスティトゥート東京、２０２０）。

経済の体制自体についても、これまでの資本主義的な成長型経済への見直しが生じている。すなわち経済的効率と利益を最優先する活動が、今日の都市集中型の世界を生み、広域の経済圏（グローバル市場競争）を拡大することで、成長・拡大が連鎖的に展開してきた。こうした効率化と規模拡大、成長を優先する一極集中化の中で起きたことが、まさにコロナ禍の巨大リスクという大きな脆弱性だった。その点では、脱都市化や地方分権・自治への動き、サプライチェーンの適正化、地域循環型社会へ向かう転機となる可能性が生じている（広井 2019　古沢 2020 b）。

より深刻な事態として心配なことは、今後の推移にもよるがパンデミックにより被った巨額の経済的損失があり、未曽有の財政投入・金融政策が展開されている。その埋め合わせについては、各国対応を基本としつつも世界的対応として連帯・協力が不可避となることが予想される。各国経済が背負いこんだ巨額の負債を、上手にコントロールできなければ負債バブルの崩壊などから悪循環シナリオが心配されるのである。具体的に考えられる対応としては、かつての戦時下での巨額負債への対応策として所得再配分政策がとられた時のように、今回の事態にはグローバル経済下で築かれ蓄積されてきた富の再分配政策が課題となるだろう。すでにT・ピケティ等が提起してきた国際的な資産課税の強化や金融取引税の整備（グローバル税財政変革）、さらには巨大IT企業などへのデジタル課税など、グローバル再分配政策とも言うべき対応が求められるのである。

グローバルな変革への期待――「平和の配当」の再来を

さらには近年増大している軍事費を削減して、復興・再建・社会安定へと支出転換する（平和の配当）政策を国際的に合意していく必要がある。これは、かつて冷戦終結の時期に開催された地球サミット（1992年）において世界のNGOが提起した「平和の配当」の再提起である。この言葉は、もとは米国議会で使用された概念だったのだが、新たな地球市民社会の幕開けとして世界の軍事費を縮小させて南北格差（貧困）と地球環境問題の解決に振り向ける展開にバージョンアップされた形でNGOが提起したのであった。

それはかつての世界恐慌期や冷戦期において打ち出されたニューディール政策やデタント・緩和政策のような抜本的な制度構築であり、グローバル・リスクへのグローバル対応策が必要とされる時代になったことを意味している。現実の厳しい状況からすれば、たんなる理想論と見る向きもあるだろうが、危機の時には通常時での問題認識を越え出た新視点こそが、大きな意味を持つのである。健康や安全が最優先課題であるとの基本認識は、今回のパンデミックで強く世界に共有されたはずである。その点では、人命を奪い殺傷する武器をはじめとする軍事費の増大に対しては、今こそ削減すべき時を迎えている。根本的な問題解決の筆頭として、気候危機と同様に軍事費の削減を、グローバルな共通課題としてクローズアップさせるべき機会が到来しているのである。その点では、困難と思われていた核兵器禁止条約が、世界的に支持されて発効されたことは（1月22日、2021年）、まさに新時代の到来を象徴する出来事であった。

世界の軍事費は、冷戦終結後に一時的に減少に転じたのだったが、地域的な内戦や9・11同時多発テロ事件などを契機に、不安定化の中で増大の一途をたどってきた。世界の軍事費総額は約1兆9千億米ドル（約200兆円、ストックホルム国際平和研究所、2019年）となっており、それは国際協力を支えてきた政府開発援助（ODA）の世界総額1528億米ドル（約16兆円、OECD、2019年）の12・5倍もの規模にまで膨らんでいるのである。軍事費の削減は非現実的と見る向きもあるが、グローバル危機という共通課題を共有する立場に立つことによって、打開の道が開けるのではなかろうか。軍事費を削減し、復興・再建・社会安定へと支出転換する政策の必要性を、国際的に合意していくプラットフォームを形成する好機とすべき時がきている。

私たちは、個別的な危機対応のみならず、より根源的なレジリエンス（回復力）と変革こそが求められている。たとえば欧州で提起されたコロナ後を見据えたグリーン・リカバリー（持続可能な社会形成）の動きなどが注目される。欧州で取り組まれようとしているグリーン・リカバリーは、その根幹に気候変動対策への根本的組み直し（欧州グリーン・ディール）があった。気候変動の危機は待ったなしの事態に直面しており、世界はパリ協定（2015年）での目標を合意した。その実現のために、いち早くEUでは2050年温室効果ガスの排出実質ゼロの目標を掲げ、その実現へ向けた取り組みが欧州グリーン・ディールであった（2019年12月）。それが今回のコロナ危機への対応策として、さらにバージョンアップされたものとしてグリーン・リカバリーが展開されているのである。大きな柱は、再生可能エネルギー、交通運輸、循環経済、デジタル経済、生態系・生物多様性保全、食料・農業の改革など多岐にわたるもので、個別対応の効果以上に相乗効果を想定している。日本でも、菅政権が２０２０年10月に２０５０年脱炭素・カーボンニュートラルを目指す宣言を遅まきながら行ったのだった。

冒頭でも指摘したように、複合的リスクなど危機的事態に対しては対症療法を超えた根源的で総合的な対応策こそが重要である。より抜本的な制度的対応、すなわちグローバル化した世界での社会的変革につながる取り組みこそが期待されている（古沢 2020 c, 2021）。この度のコロナ禍が映し出した人間社会の諸矛盾と危機的事態を、私たちはどこまで真摯に受け止めて対応することができるのか、まさに現代世界は大きな岐路に差しかかっているのである。

〔**ふるさわ　こうゆう**〕

参考ＵＲＬ

- 斉藤勝久／石 弘之（2020）「人類の天敵「ウイルス」（１）：果てしない「軍拡競争」」 https://www.nippon.com/ja/in-depth/a06601/
- 山内一也（2006）「自然界でのウイルスの生態」人獣共通感染症（第１６９回） https://www.jsvetsci.jp/05_byouki/prion/pf169.html
- 山内一也（2020）「ウイルスと共に生きる　ウイルス学者・山内一也さんに聞く（前編・後編） https://www.nhk.or.jp/heart-net/article/375/
- ユヴァル・ノア・ハラリ（2020）「新型コロナウイルス後の世界」とは？ FINANCIAL TIMES 紙記事（全文翻訳公開） http://web.kawade.co.jp/bungei/3473/
- Studio202X のシリーズ１・２「民主主義の未来」ゲーテ・インスティトゥート東京（2020）。シリーズ１：第２回「ウイルス・トラッキング／プライバシー・ハッキング――監視社会と自由の挟間で」、第３回「コロナ危機による国内回帰とグローバリゼーション」、第４回「コロナ禍とメンタル――孤立と不安、そして権力」、シリーズ２：第１回「自由かそれとも生命の保護か」、第２回「コロナ、排外主義、抗議運動」、第3回「揺らぐ公共性とメディアの役割」 https://www.goethe.de/ins/jp/ja/kul/sup/202.html

- 古沢広祐（2020）「コロナ危機が問う自然・人間・文明」『総合人間学研究』第14号 http://synthetic-anthropology.org/?page_id=334
- 古沢広祐（2021）「アフターコロナ（ＡＣ）が開く新たな世界は可能か？『グローカル』な世界システム変革の行方」日本平和学会・平和フォーラム（コロナ危機に立ち向かう） https://drive.google.com/file/d/1G-FHw8gbGZ8VBHNzSFPBFCZ2VDC6Zer1/view
- 【地球コラム】「封鎖解除の武漢、コロナ「記憶」は消し去られるのか」時事ドットコム、2020.04.12 https://www.jiji.com/jc/article?k=2020040800766&g=int（ネット情報の最終閲覧日は２０２１年5月24日）

参考文献

- 石弘之（2018）『感染症の世界史』KADOKAWA（角川ソフィア文庫）。
- ウォルター・シャイデル（2019）『暴力と不平等の人類史 戦争・革命・崩壊・疫病』鬼澤忍・塩原通緒訳、東洋経済新報社。
- 河岡義裕編（2021）『ネオウイルス学』集英社（新書）。
- 武村政春（2017）『生物はウイルスが進化させた 巨大ウイルスが語る新たな生命像』講談社（ブルーバックス）。
- デイビッド・モントゴメリー／アン・ビクレー（2016）『土と内臓 微生物がつくる世界』片岡夏実訳、築地書館。
- クーリエ・ジャポン編（2021）『新しい世界 世界の賢人16人が語る未来』講談社（現代新書）。
- トマ・ピケティ（2014）山形浩生・守岡桜・森本正史訳『21世紀の資本』みすず書房。
- 広井良典（2019）『人口減少社会のデザイン』東洋経済新報社。
- 古沢広祐（2020a）『食・農・環境とＳＤＧｓ――持続可能な社会のトータルビジョン』農山漁村文化協会。同（2020b）「逆転した産業ピラミッドを正し、第1次産業を基本とした自然共生社会へ」『新型コロナ 19氏の意見』農文協ブックレット、農山漁村文化協会。同（2020c）「コロナ危機の現代的意味とアフターコロナ時代の展望」農業と経済・臨時増刊号（ポストコロナ時代の日本農業）、２０２０年12月。
- 方方（2020）『武漢日記 封鎖下60日の魂の記録』飯塚容・渡辺新一訳、河出書房新社。
- 松木洋一（2008）「世界動物保健機関ＯＩＥの世界家畜福祉ガイドライン策定の現状」畜産の研究62巻1号、養賢堂。

- 松木洋一（2017）「ヨーロッパのアニマルウェルフェア社会の発展」酪農ジャーナル2017年2月号、酪農学園社会連携センター。
- マーティン・J・ブレイザー（2015）『失われてゆく、我々の内なる細菌』山本太郎訳、みすず書房。
- 山内一也（2018）『ウイルスの意味論――生命の定義を超えた存在』みすず書房。同（2020）『ウイルスの世紀　なぜ繰り返し出現するのか』みすず書房。
- 山本太郎（2011）『感染症と文明　共生への道』岩波書店（新書）。同（2020）『疫病と人類　新しい感染症の時代をどう生きるか』朝日新聞（新書）。
- ロビン・マランツ・ヘニッグ（1996）『ウイルスの反乱』長野敬・赤松真紀訳、青土社。

コロナ禍と「子ども文化」
――パンデミックを生き抜く物語

西郷南海子

1．はじめに――「遊びとは酸素のようなものである」（アメリカの精神科医スチュワート・ブラウン）

新型コロナウイルスの登場は、子どもたちの生活のあらゆる側面に甚大な影響を与えている。子どもの自殺者も増加傾向にあり、２０２０年は小中高生の統計のある１９８０年以降では最多となった。小中高生の自殺は４４０人（小学生13人、中学生１２０人、高校生３０７人）。厚生労働省自殺対策推進室は「コロナ禍が様々に影響している可能性がある」と分析している（京都新聞、２０２１年1月23日）。

このような状況に置かれている子どもたちに対して、私たちが講じるべき策とは何か。コロナ禍では食べる、話す、遊ぶといった人間にとって欠かせない営みであり文化が、大きな変容を迫られた。人間の子どもにとっては身体を寄せ合って、ときには取っ組み合いをして「密」になることこそが遊びであったのに、それも避けられるようになってしまった。かけがえのない子ども時代とコロナが重なってしまったことの影響は、今後丁寧に分析しなければならない。また本稿では、コロナの影響について消極的に取り上げるだけでなく、この状況の中で子どもたちがどのような「子ども文化」を生み出そうとしているのかについても目を向けたい。

2020年3月からの前代未聞の全国一斉休校は3ヵ月にも及び、その間多くの子どもたちは家庭のみを居場所とする生活を余儀なくされた。家庭が問題を抱えている場合、子どもたちはその中に閉ざされてしまうという意味でも、リスクの高い全国一斉休校であった。したがって休校によって逆に明らかになったのは、学校という公共空間が子どもたちのウェルビーイングに大きな役割を果たしていたということである。運動場や給食一つをとってもである。そして学校再開後の学校が、これまで通りの学校の再開ではなく、子どもの意見を運営に反映させる民主的な学校でなければならないことは言うまでもない（西郷 2020：27）。

他方で、授業再開後も「新しい生活様式」に基づく様々な制約が、子どもたちの活動に課せられることとなった。学校ではマスク着用はもちろんのこと、ソーシャル・ディスタンスを保つために、教室内の机と机は離された。給食も飛沫が飛ばないように前を向いての「黙食」が基本となっている。これまでの保育学・教育学では、人間が密接に関わり合うことが人間形成の基本とされてきたが、その前提が大きく揺らぐことになった。人と人が一緒にいること自体が忌避されるという状況は、あらゆる教育・文化活動を根底から掘り崩している。

小学1年生である筆者の第3子はある日こう言った。「ママはコロナになる前に大人になれていいなあ」。この言葉こそ、私たち大人は噛み締めなければならないのではないか。コロナ禍を生きる子どもたちは、多種多様な制約の中で生きることが当たり前になってしまっている。それは子どもたちの適応力の高さを示してもいるのであるが、本来であれば子ども時代に経験することが経験できないという問題をどのように考えるべきか。それが本稿の問題提起の一つである。この問題提起を念頭に、本稿ではまず子どもの遊びが国際法上どのように位置づけられているかを検討した上で、コロナ禍における子ども文化とその発展について考察したい。

2. 子どもの遊びと「子ども文化」

(1) 遊びそのものの重要性

「遊び」と辞書を引くと「仕事がないこと」という意味が載っているように、遊びとは「遊び以外」によって消極的に定義されることが多い。「余暇」という言葉も同様である。しかしながら、遊びやレクリエーションにはそれ自体、かけがえのない価値があることが少しずつ語られるようになってきている。

たとえばその代表例が国連の「子どもの権利条約」である。日本は1994年に批准している。これは、子どもが大人による保護の対象であるだけでなく、積極的な権利の主体であることを認めた重要な条約である。遊びやレクリエーションも、文化的な生活や芸術に自由に参加する権利と同様に認められているのである。

第31条　締約国は、休息及び余暇についての児童の権利並びに児童がその年齢に適した遊び及びレクリエーションの活動を行い並びに文化的な生活及び芸術に自由に参加する権利を認める。締約国は、児童が文化的及び芸術的な生活に十分に参加する権利を尊重しかつ促進するものとし、文化的及び芸術的な活動並びにレクリエーション及び余暇の活動のための適当かつ平等な機会の提供を奨励する。

しかしながらこの内容は教育関係者の中でも十分に知られているとはいえない。特にこの第31条に関しては欧米でも同様で、「忘れられた権利」(Forgotten right)とさえ呼ばれていた。そこで2013年には国連子どもの権利委員会から、第31条について公式紹介文が発表されている。ここではその内容の一部を平野裕二氏の邦訳を借りて紹介する。

遊びとレクリエーションは、子どもたちの健康とウェルビーイングにとって本質的に重要であり、また創造性、想像力、自信、自己効力感ならびに身体的、社会的、認知的および情緒的な力およびスキルの促進につながる。それは学習のすべての側面に資するものである。それは日常生活への参加の一形態であり、純粋にそこから得られる楽しみと喜びの点で、子どもにとって本質的価値を有する。(子どもの権利委員会 2013:3)

たとえば「知育玩具」に象徴されるように、遊びが何らかの学習的成果を生むことがあるが、ここでは遊びそのものが「純粋にそこから得られる楽しみと喜びの点で、子どもにとって本質的価値を有する」ことが強調されている。そしてそのことが結果的に子どもたちの「自己効力感」などを育み、多様な「力およびスキルの促進」につながる。付随する成果ありきで「遊び」をとらえるのではなく、まず遊びそのものを子どもたちが楽しみ、喜んでいることの価値を私たちは理解すべきなのである。アメリカの精神学者スチュワート・ブラウンは、遊びには目的がないことを強調する(Stuart 2008)。たとえばお姫様ごっこの目的は、将来的にお姫様になることではない。今この瞬間に、お姫様ごっこが非日常の空想の世界を与えてくれることが重要なのである。そしてこの遊びの性質は、子どもが大人になるために必要なのではなく、人間のライフステージ全てに渡って必要なのである(Stuart 2008)。「遊びのない人生は、本のない、映画のない、美術のない、音楽のない、冗談のない、ドラマチックな物語のない人生である」(Stuart 2009 : 9)。したがって以下本稿では、遊びに対するこのような立場から、コロナ禍での子どもの遊びと子ども文化について見ていく。

(2) コロナによる経験の剥奪

さて、このような遊びやレクリエーションがこのコロナ禍で、いったいどれほど確保できているか考えたい。各種報道を通じて保護者の経済的な貧困がクローズアップされているが、それと同時に子どもたちの「経験の貧困」についても目を向けることが必要である。子どもの貧困について研究を続けてきた阿部彩は、近年EUで主流となっている「物質的剥奪指標」に着目している。これは、「世帯所得や消費などの金銭的データから把握することができない実質的な子どもの生活水準を測るもの」であり、貧困指標として優れているという(阿部 2016)。日本の場合、以下の15項目のうちで経済的な理由で剥奪されている項目が3つ以上ある場合を「物質的剥奪状況」と判断する。ところが今や、これらの項目のいくつもがコロナを理由に、ほとんどの子どもから剥奪されているのが一目瞭然である。

阿部彩「子どもの貧困の実態と指標の構築に関する研究」による物質的剥奪指標

1. 海水浴に行く
2. 博物館・科学館・美術館等に行く
3. キャンプやバーベキューに行く
4. スポーツ観戦や劇場に行く

5. 遊園地やテーマパークに行く（*高校生は「友人と遊びに行くお金」）
6. 毎月お小遣いを渡す
7. 毎年新しい洋服・靴を買う
8. 習い事（音楽、スポーツ、習字等）に通わす
9. 学習塾に通わせる
10. お誕生日のお祝いをする
11. 1年に1回程度家族旅行に行く
12. クリスマスのプレゼントや正月のお年玉
13. 子どもの年齢に合った本
14. 子ども用のスポーツ用品
15. 子どもが自宅で宿題をすることができる場所

こうして見てみると、子どもの生活の豊かさを示す多くの項目が、コロナ禍においては叶えられないものとなっている。こうしたコロナによる「経験の剥奪」がいつまで続くのか見通しはなく、パンデミックが数年から十数年間続く場合、その時期に子ども時代を過ごした子どもたちは極端な「経験の剥奪」状況に置かれ続けることになる。これは程度の差はあれ、学校行事に関しても同様である。しかし、これらの感染防止策が子どもの健康・生命を守ることを目的としている以上、「経験の剥奪」に異議を唱えることは子どもたちには困難であろう。こうした影響が今後どのような形で現れてくるのか、注視と配慮が必要である(1)。

では非日常のイベントや遠出のレクリエーションではなく、子どもの日常生活における遊びはどのようになっているだろうか。まず２０２０年度に関していうと、全国一斉休校で実施できなかった３ヵ月分の授業を、再開後の授業で取り戻すことになっており、小中学校では授業時数が増加している(2)。また休み時間の校庭での「密」を防ぐために、校庭使用を交代制にしている学校もある。したがって子どもたちにとっては校庭使用時間が半減したということになる。社会科見学など校外に出かける機会も失われたので、トータルで見ると、子どもたちは「座学」中心の学校生活を送っているといってよいだろう。ただし、次から次へとやってくる学校行事の慌ただしさがなくなったことで、ゆっくりと学習に向き合えるという見方もあり、これはコロナ以前から問題となっていた学校行事の過負荷の問題が想定外の形で一時的に解消したことになる。

そして、肝心の子どもたちの「遊び」はどのような影響を受けているだろうか。そもそもコロナ以前から子どもたちの「遊びにくさ」の問題は話題となってきた。たとえば多様な利用者や周辺住民に配慮した結果、都市部を中心に球技禁止やスケートボード禁止の「公園」が増えてきているのである。ここで一番の問題点は、球技を楽しんできた子どもたちとの合意形成なしに、公園管理者が一方的に球技を禁じていることである。つまり、子どもを「意見表明権」(子どもの権利条約第12条)を有した主体としてみなしていないという点にある。こうした現状に対しては、東京都板橋区の小学生たちが区議会に陳情を行った事例(２０１９年12月)や、神奈川県横須賀市の小学生たちが市議会に陳情を行なった事例(２０１６年６月)がある。こうした事例がモデルケースとして広がれば、子どもたちが置かれている状況について社会の認識が深まっていく可能性はある。球技が禁止され、静かに利用しなければならない公園では、子どもたちはそれぞれのゲーム機器やスマホを持って集うことになるだろう。

さて、コロナ後の子どもたちの遊びはどのように変化したのだろうか。２０２０年２月27日に休校要請が行われて以後、子どもたちにとっては外出もはばかられる状態が続いた。公園で遊んでいる子どもが通報されるという事例が相次いだのである。そこで文部科学省は3月4日という早い段階で「一斉臨時休業中の児童生徒の外出について留意事項」を発表し、風邪の症状がある場合は外出しないことと、人が密集するイベントには参加しないことの2点を示した。つまり風邪症状さえなければ、公園などの屋外で人との距離を保ちながら遊ぶことは可能なのである。とはいえ、人と人が関わり合う以上、感染リスクはゼロではない。特に子どもたちは身体を寄せ合って遊ぶし、外遊びの解放感からマスクを外す子どもたちもいる。ここで深刻なのはコロナウイルスに関する認識の家庭間の温度差である。筆者が会長を務める小学校PTAでは、インターネットを用いた「子どもの生活環境アンケート」を2度（2020年5月、2021年1月）実施した。いずれも緊急事態宣言が発令中であり、保護者からも多くの切実な意見が集まった。「放課後に子どもたちが互いの家を行き来することに悩みます」「どの程度の感染対策をするかは家庭によるが、結局子どもたちは同じ教室に集まるので気になります」など、コロナを収束に向かわせるには一家庭の努力では足りないが、自分の価値観を他者に押し付けるわけにもいかないと緊張と葛藤が綴られている。このように物理的な接触を回避しなければならないという点が、これまでの自然災害などの復興プロセスとは大きく異なる点であろう。

筆者が3児の母として痛切に感じるのは、これまで喜ばしいことであった子どもたち同士の交わり、すなわち濃厚接触に対して「感染源」としての疑いの目を向けなければならなくなったことである。それはもちろん自分自身に対してでもある。感染していないか…感染させてしまっていないか…という葛藤が子どもたちの遊びに覆いかぶさっている。そしてこうして遊びの条件を考えること自体がしんどくなり、家庭内での遊びを選択するのである。こうした見えないウイルスによる人間関係の分断・亀裂をいかにして乗り越えることができるのだろうか。子どもたちが、子ども時代に自分たちの力ではどうにもならないものに直面させられたという体験は、今後どのような語りを生むのであろうか。そこで次章では、このパンデミックに大きなブームを巻き起こした漫画『鬼滅の刃』に焦点を当てて、子どもたちを引きつけることとなった諸要素について考察したい。

3.『鬼滅の刃』ブームが示すもの

(1) 物語の概要と構造

本節では、児童書出版とサブカルチャーに長く携わってきた野上暁の「子ども文化」論を踏まえながら、『鬼滅の刃』ブームについて考察を進める。野上は「大人たちが作って子どもたちに提供する」コンテンツを「児童文化」と呼ぶのに対し、「それらも受け入れながら、時代の文化状況を独自に反映させて、アクティブに遊びの世界に取り込み、与え手の意図を超えて育んできた、子どもたちによる有形無形の文化の総体」を「子ども文化」としてとらえる(野上 2015:3)。今日アニメ、漫画、ゲームなどサブカルチャーと総称され、世界的な注目を浴びる文化の多くは「教育関係者や大人たちから俗悪とも言われた大衆的な子ども文化から生み出されてきたこと」にも野上は目を向ける(同書:7-8)。アニメや漫画との関係において、子どもたちは受動的な消費者としての立場に置かれていると考えられがちであるが、野上によれば「市場のニーズといったものが、大衆消費社会では商品成立の属性となっている」という(同書:4)。つまり読者である子どもたちのニーズこそがコンテンツの成否を分けているのであり、子どもたちはコンテンツを育てる立場にいるということもできるのである。

そしてこのコロナ禍で何よりも顕著だったのは、漫画『鬼滅の刃』(吾峠呼世晴、集英社)の大ヒットである。サブカルチャーとしての漫画論は他の論考を参照されたいが、鬼滅のヒットはまさにこのパンデミックと密接に結びついており、かつ子どもたちの中の「共通文化」と化している側面があるため、本稿でも取り上げたい。まず基本情報であるが、『鬼滅の刃』（以下：鬼滅）は２０１６年11月から『週刊少年ジャンプ』に掲載され、２０２０年５月に完結した。ファン拡大に大きな役割を果たしたのが、アニメ版の登場である。テレビで放送されたのは２０１９年４月から９月と短かった上に深夜放送であったが、Amazon プライムや Netflix といった動画視聴サービスでも見ることができたため、これらを介して子どもたちにも広がったと考えられる。２０２０年10月に封切られた『劇場版鬼滅の刃　無限列車編』は、漫画の途中から話が始まり、途中で終わるというスタイルであるにも関わらず、日本の国内映画興行収入１位を記録した。ちなみに１位の座を譲ったのは『千と千尋の神隠し』（２００１年）で、３位が『タイタニック』（１９９７年）である。当然ながら過去の映画興行中にコロナほど深刻な感染症は発生していないので、鬼滅の驚異的な動員力は明らかである。２０２０年12月には累計発行部数が１億２０００冊を突破した。

さて、その物語の中身を見てみよう。舞台は大正時代である。闇夜に紛れて人間を殺して貪り食う「鬼」に対して(3)、敵討ちを心に刻んだ者たちが「鬼殺隊」を結成し、鬼狩りに乗り出すというものである。鬼から選ばれ、その血液を注入された人間も鬼と化すため、鬼は着実に勢力を広げている。ところが鬼には唯一弱点があり、それが太陽の光である。鬼を倒すことができなくても、戦いを引き伸ばして日の出さえ迎えることができれば、鬼は消滅する。ただし、その前に命が尽きる隊員も多い。つまり、生と死の相克をストレートに描いた物語である。連載は２０１６年から始まっていたものの、コロナ禍と重なったことで「パンデミックの寓話」として読むことが可能になったと内田樹は指摘する（内田 2021 : 19）。当初鬼は首を斬り落とせば殺すことができたが、次第に進化し、「首」

の位置そのものを変化させるなど、鬼はどんどん手強くなっていく。この過程を内田は「抗ウイルス剤を使用しているると大勢のある新しいウイルスが生まれるプロセスと変わらない」という（同書）。こうして鬼殺隊は手詰まりになっていく。最終的には主人公である竈門炭治郎の体に、最強で最終の鬼である鬼舞辻無惨が寄生し、主人公そのものが鬼化するというクライマックスを迎える。内田はこうしたデジタルな区分線のない物語の構造を「混淆」を名付ける（同書：20）。読者はこの混淆の中で撹乱され、動転させられる。さらに物語の随所で、炭治郎によってクローズアップされるのが、鬼の中にある「人間的」な性質である。これは、鬼と化した妹を背負う彼だからこそ可能な、鬼への最期のアプローチである。この世に単純な勧善懲悪の線引きなどなく、誰もが何かしらの傷を抱えつつも、それでも命が尽きるその瞬間まで生きていくという物語なのである。

（2）何が子どもたちを引き付けるのか

上記のパンデミック的要素が子どもの心理を無意識的にであっても共鳴させているのは大きいが、炭治郎以外の登場人物の多彩さもファンの層を広げている。親に捨てられて猪に育てられた子どもや、ネグレクトを受けて発話を失った子どもなど、通常の養育を得られなかった子どもたちが鬼殺隊の中で他者への愛着関係を再構築する場面も多い。エッセイストの犬山紙子は「『血のつながり』は必ずしも最良のコミュニティーとしては描かれておらず、現代的と感じます」と語る（京都新聞、２０２０年12月10日）。このように登場人物の境遇やパーソナリティーの多様さから、読者は積極的に共感できる登場人物を見つけ追いかけることができる。

鬼と戦うためには、鬼殺隊のメンバーは極限まで身体機能を練り上げなければならない。ここで戦法の最大の特徴である「呼吸」が登場する。身体としては未熟でも呼吸法を身につけることで、全身の細胞を覚醒させ、これまでにない力を発揮することができるのである。能楽師の林宗一郎によれば、この鬼滅の「剣術」と「呼吸」の関係が能に通じていて興味深いという。形へのエネルギーの込め方として「呼吸」という表現は本質的だという（京都新聞、2020年12月9日）。いま全国の幼稚園や保育園で鬼滅ごっこが大流行しているというが、子どもたちが意識していないうちに伝統芸に通じる「形」や「呼吸」で遊んでいるとしたら、非常に興味深い事象であろう。

先述の野上は、サブカルチャーの発展の中で小さなゲーム機の中でも大自然へ夢想が可能になったと述べるが（野上 2015：211）、鬼滅の場合はヴァーチャルに大自然の中に駆け出していくというよりも、実際には「身体」こそが何よりも身近な「大自然」であり、それを探求の対象としているところに独自の特徴があるいえるだろう。

鬼滅に関しては戦闘シーンの多さから、その描写の残酷さから子どもには見せるべきでないという意見があることも筆者は承知している(4)。本稿ではその是非には立ち入らないが、本作が投げかけているのは、この世にすでに圧倒的な暴力が存在しているときに、弱者は一体何によって対抗しうるのかという根源的な問いである。また、そのような暴力を用いる鬼に転じた人間たちも、なぜそこまで力への執着を見せるのかといえば、背景には生い立ちの苦しさがあることが同時に描かれている。たとえば、「堕姫（だき）」と「妓夫太郎（ぎゅうたろう）」は、遊郭の最下層で生まれ、母親は梅毒で死んだ。子どもの頃から自ら生計を立てなければならず、二人は昆虫などを食べて生き延びた。働ける年齢になると堕姫は母親同様に売春、妓夫太郎は借金の取り立て屋になった。侍とのトラブルで殺されかけた二人の前に現れたのが鬼であり、鬼に血液を分けてもらうことで九死に一生を得た。このように苦境から何とか脱して生き残ろうとする心理が、鬼というシステムに利用されているのである。

さらに踏み込んで論じたいのは、この物語は根底に優生思想の問題を内包しているという点である。鬼たちは、病や死を超越した「究極の生物」（第203話）になるために、より強靭な人間を選別しその血液を吸収してきた。そのとき相手は血液を提供する手段に過ぎず、鬼同士の関係でも同様である。したがって、相手を利用して切り捨てるのも一瞬である。堕姫と妓夫太郎は戦いに破れ、鬼としての身体を失いつつある中でもいがみ合いを続ける。その口に優しく蓋をし、成仏させてやるのが炭治郎である。最期には極貧を共に生きてきた幼少期の記憶がよみがえり、お互いがかけがえのない存在であることを確かめた上で命が果てる。この例に明らかなように、鬼に転落する人間にも社会的な背景があり、社会への復讐としてより強い鬼になることを選ぶのであるが、優生思想の世界に入るということはいつ自分が排除されるかわからない立場になるということである。さらに、この鬼という生き方の哀しさに共感し、受け止める存在としての炭治郎がいることで、物語の奥行きがぐっと広がるのである。

（3）物語は現代へ

こうした鬼たちの生き方に対して炭治郎たちが体現するのは「天寿」という考え方である（第204話）。炭治郎らが10代という若さで「天寿」を意識するというのは古風で奇妙に見える。しかし物語では、人間が老いて寿命を迎えて死ぬことこそが、鬼に対する「戦いなき勝利」として語られていく（第174話）。そして鬼のいなくなった世界では、次の言葉が響く。

光り輝く未来の夢を見る
大切な人が笑顔で
天寿を全うするその日まで
幸せに暮らせるよう

決してその命が
理不尽に脅かされることがないよう
願う
たとえその時自分が
傍らにいられなくとも
生きていて欲しい
生き抜いてほしい
あなたが私だったらきっと
同じことを言うはず
ただひたすら平和な
何の変哲もない日々が
いつまでもいつまでも続きますように　（第２０４話）

この第２０４話が掲載されたのは、２０２０年5月であり、まさに緊急事態宣言の真っ最中であった。「決してその命が理不尽に脅かされることがないよう願う」「ただひたすら平和な何の変哲もない日々がいつまでもいつまでも続きますように」という文章は、コロナウイルスを念頭に置いているようにも読める。

生き残った炭治郎らが天寿を全うしたと明確にわかるのは、最終回である。炭治郎ら登場人物の子孫が、そっくりの顔立ちをした現代の小学生や高校生、市民として登場するのである。戦闘で命を落とした隊員も「生まれ変わり」という形で現代の生活に参加している。この最終回によって、鬼滅は過去の物語ではなく、現代の、今日の物語として再スタートを切るのである。つまり炭治郎らの子孫が実はわたしたちの隣にいるかもしれない、共に生きる市民なのである。

生きていることはそれだけで奇跡
あなたは尊い人です
大切な人です
精一杯生きてください
最愛の仲間たちよ　（第23巻書き下ろしページ）

炭治郎らが天寿を全うしたように、今度は読者の一人ひとりが天寿を全うする番である。もちろん人生という道のりは平坦ではないが、だからこそ仲間がいるというメッセージは、目新しいものではないかもしれないが、この物語全体を通読したときに伝わってくるそのメッセージは痛切である。

4. おわりに

本稿では、新型コロナウイルスの登場によって子どもたちの学校生活や地域生活がどのように変化し、またその中でもどのような「子ども文化」が生まれつつあるかを考察した。学校で子どもたちは身体と身体の距離を離すように指示され、以前のような親密な遊びは困難となっている。遊具やボールなど不特定多数が手で触れるものに関しては、使用が中止になっている学校もある。こうした点を鑑みても、子どもたちの遊びにとっては大きな受難である。マスクや消毒を保証した上での遊びも、互いを感染源とみなすことから離れるわけではなく、遊びにおける他者への根源的な信頼が揺らいでいるのではないか。

また地域のお祭りなど、人が集まる行事が軒並み中止されることで、「ハレとケ」のダイナミックな位相を味わうことができなくなってしまっている。全国各地の伝統行事に関しては、担い手の高齢化が以前から問題となっていたため、コロナが収束した頃に以前と同様の行事が行えるかどうかは難しいだろう。

このように困難が山積みであるが、子どもたちはどのような状況でも遊びを作り出す。その一例が本稿で紹介した『鬼滅の刃』である。アニメを全く視聴したことがない子どもたち同士でも遊びが成り立っているという報告が相次いでいるが、それこそが「型」の威力であろう。鬼滅遊びを取り入れている幼稚園や保育園の紹介を読む限り、従来のチャンバラ遊びとほとんど何も変わらない一方で、女の子も参加することができ、かつ多様なキャラクターの中から自分の作りたいものを選べるようになっている。まさにチャンバラ遊びのダイバーシティーである。何のための剣なのかという話し合いは当然必要だが、「人間の内発的な遊び欲求」(野上 2015 : 236) が近年ここまで旺盛な形で現れたのは珍しい。冒頭で紹介したスチュワート・ブラウンの考え方に立ち戻るのであれば、子どもがごっこ遊びでその役になりきっているという事実こそが、他の何でもなく、遊びの力を最も雄弁に表しているのである。

〔さいごう　みなこ〕

注

（1）節目の行事が自然災害によって中止になった学年として、１９９２年生まれがある。高校在籍時は新型インフルエンザが流行し修学旅行などが中止になり、大学の入学式は東日本大震災で中止になった。さらに成人式も全国的な大雪に見舞われた。こうした共通経験から「92年生まれ」としての語りが成立する。その「バブル崩壊の年に生まれて」という奥田愛基とコムアイ（アーティスト）の対話集がある（『クイック・ジャパン』太田出版、２０１６年３月）

（2）文部科学省は、「新型コロナウイルス感染症の影響を踏まえた学校教育活動等の実施における『学びの保障』の方向性等について（通知）」（２０２０年５月15日）において、「学校教育法施行規則に定める標準授業時数を踏まえて編成した教育課程の授業時数を下回ったことのみをもって、学校教育法施行規則に反するものとはされないとされていることも踏まえ、児童生徒や教職員の負担軽減にも配慮すること」と述べている（同通知:4）。

（3）暴力シーンと並んで、鬼滅では女性隊員の性的な特徴を強調する描かれ方についても、多くの異論が投げかけられている。過剰に性的な描かれ方をするキャラクターは『週刊少年ジャンプ』内の他の漫画にも非常によく見られるのであるが、今回鬼滅が国民的なブームとなり、手にする人々が増えたことにより、多く生じることになった批判であると考えられる。これらを受けて「少年」漫画が、今後読者の性別や属性を問わない読み物へと移行していくことが期待される。

（4）Marisa Okada（2021）の考察によれば、宮本常一ら『日本残酷物語』（平凡社、１９５９年）には極限的な飢えにより常軌を逸した行動に出る人々が描かれており、鬼滅の鬼との大きな共通点が見出せるという。

参考文献

- 阿部彩（2016）「子どもの貧困の実態と指標の構築に関する研究」厚生労働科学研究成果データベース　https://mhlw-grants.niph.go.jp/niph/search/NIDD00.do?resrchNum=201601005A（２０２０年１月20日閲覧）
- 犬山紙子（2020）「鬼の孤独に寄り添い、許す　分断、女性の姿…現代に刺さる」京都新聞、２０２０年12月10日、８面。
- 子どもの権利委員会（第62会期：２０１３年１月14日～２月１日）「休息、余暇、遊び、レクリエーション活動、文化的生活および芸術に対する子どもの権利（第31条）」CRC/C/GC/17、日本語訳：平野裕二　https://tokyoplay.jp/wp-content/uploads/2019/11/ＧＣ１７%E3%80%80休息・遊び等に対する子どもの権利.pdf（２０２０年１月20日閲覧）
- 我峠呼世晴（2020）『鬼滅の刃』１巻～23巻、集英社。
- 西郷南海子「休校と子どもたち　おとなのつながりを今」『子ども白書２０２０』pp. 24-27.

- 野上暁（2015）『子ども文化の現代史　遊び・メディア・サブカルチャーの奔流』大月書店。
- 林宗一郎（2020）「伝統芸に通じる型と呼吸 平和への願い継承に共感」京都新聞、２０２０年12月９日、10面。
- 内田樹「街場の『鬼滅の刃』論　病と癒しの物語」週刊金曜日、２０２１年１月１日号 pp. 18-21.
- Marisa Okada（2021）「『鬼滅の刃』と、置き去りにされた子どもたち」 https://note.com/marisaokada/n/n1874954ac9ca?fbclid=IwAR1T5JTNYjDtQQE0MUqaQUsFSolQMN01bYVXr8kETCz8acsOb1WiwYpDAbY（２０２１年１月26日閲覧）
- Stuart Brown（2008）Serious Play, https://www.ted.com/talks/stuart_brown_play_is_more_than_just_fun?language=ja#t-1578205（２０２１年１月26日閲覧）
- Stuart Brown and Christopher Vaughan（2009）Play: How it Shapes the Brain, Opens the Imagination, and Invigorates the Soul, The Penguin Group: New York.

新型コロナウィルス感染症流行禍の大学生への影響〈喪失と獲得〉

―これからの時代を生きていくために意義のある経験に―

長谷川万希子

はじめに

新型コロナ（ウィルス感染症流行）禍の大学生への影響には、ネガティブな面だけでなくポジティブな面もあり、大学生にとっては新型コロナ禍で喪失したものと獲得したものの両面がある。それら両面の要因を整理し、大学生がこれらの時代を生きていくための試練として、新型コロナ禍を乗り越えていく意義を提示する。併せて、新型コロナ禍によって各家庭の経済格差と教育格差は拡大したと言われるが、その具体例にも触れる。要因の整理と分析には、保健医療社会学的視点も用いる。

本稿で扱う大学生像と具体例は、筆者が本務校で実施した「新型コロナ（ウィルス感染症流行）禍での、大学生の生活」に関する実態調査（２０２０年６月）と、大学生に対するヒアリング調査（２０２０年４月～２０２１年４月）の結果（対象学生：１～４年生１３０名）に基づくものであり、一般化するにはさらなる調査が必要であることをあらかじめお伝えする。

１．新型コロナ禍の大学生へのネガティブな影響

新型コロナ禍により大学生が受けたネガティブな影響は、読者の多くが容易に想像できるものと思われるが、認識の共有化のために以下に記す。

（１）２０２０年度：大学休校と遠隔授業

従来、大学進学と同時に大学生は、専門性を高めたり、研究の視点を養ったりする「大学教育」を受ける権利を獲得してきた。同時に、通学範囲、行動範囲が拡大し、人間関係の層も幅も増し、多くの経験を得ることができ、「大学生活」の自由を享受すると共に自己責任の重さも付与されてきた。つまり、今までの大学生は「大学教育」だけでなく、それに付随する「大学生活」を獲得することを想定して、大学に入学してきた。

①形態を変えて取り戻された「大学教育」

２０２０年年度開始時の4月には大学が休校となり、大学生は「大学教育」を一時的に失ったが、5月以降徐々に遠隔授業が開始され、従来と全く異なる形態でありながらも「大学教育」を取り戻すことができた。しかしながら、教室で他の学生と肩を並べ緊張を保ちながら受講し、授業の後に教員に質問をしたり、授業中の教員と学生とのやり取りの中から同時に理解を深めたりすることができなくなった。また、学生間の関わりによる安心感・信頼感を通して encourage されるピア・サポートの効果を得たり、教員から配布される資料や他の学生の資料やノートを参考にして得られる「付加的な体験・情報」を得ることもできなくなった。つまり、「場の共有」「共振性」「付

加的な体験・情報」の長所を失ったわけである。

②取り戻すことができなかった「大学生活」

一方で「大学生活」は、2020年度通年取り戻すことができずに2021年度に突入した。2020年度に卒業年次だった学生は思い描いていた「最後の大学生活」を実現できず、新入生は解放感と期待に溢れた大学生活のスタートを切ることができなかった。2021年度に入り、多くの大学で一部通学による対面授業が再開されたが、感染管理の下で授業中に雑談できる近距離では着席できず、授業前後の他の学生や教員との関わりは制限され、履修授業時間以外の学内滞在は許されず、食堂で雑談をする光景は見られないという、「大学教育」はあっても「大学生活」はなしの大学生を強いられている。「大学教育」の中でも、学内外での実習・体験活動・インターンシップ等は実施できなかったものが多くあった。獲得できなかった「大学生活」は、学生同士の交流、課外活動としての学生代表団体活動・部活動、本課のゼミナールを拡張した「サブゼミ」、キャンパスを中心とした授業以外の活動を示す。2020年度通年、各種学生代表団体の活動、各種部活動は中止されていたからである。学園祭は規模を極端に縮小しweb上で開催したが、双方向的な趣向を凝らしても開催者と参加者が「場の共有」と「共振性」を楽しむには物足りないものであっただろう。

（2）2021年度：対面・遠隔混合授業

2021年度5月現在、一部対面授業が実施されていても、残りの大部分は遠隔授業のままの状態が続いており、「大学教育」での学びで失われた部分が残っている。特にその悪影響を受けている大学生は、①学力・理解力が低い学生、②資格取得を目指す学生、③課外活動の延長で就職を目指す学生等である。

①学力・理解力が低い大学生

学力・理解力が低い学生は、提出課題や定期試験での成績よりも、出席による平常点での成績によって単位取得を目指している場合がある。授業内容をよく理解できていないけれども、頑張って遅刻・欠席せずに全授業回に出席し、評価が低くても単位取得できればよい、という目標設定の学生である。このような学生が遠隔授業に直面すると、出席しているだけで平常点を稼げるというメカニズムの恩恵を受けにくくなる。履修学生全員が課題提出によって出席管理をなされると、従来の授業で欠席していた学生と出席していた学生の間に生じていた平常点の差の意味がなくなる。遠隔授業においては、一定期間内に課題提出すれば出席とみなされる場合が多く、リアルタイムに授業に参加しない学生でも出席と認定されるからである。その結果、締切前の課題提出、課題の質が評価の対象となり、低学力や理解力の低さ故に課題作成に時間を要し、締切に間に合わなかったり質の低い課題を提出したりすることになる学生にとっては、遠隔授業での単位取得は従来の対面授業でのそれよりも負荷が大きくなった。

②資格取得を目指す大学生

資格取得を目指す学生は、履修科目の遠隔での受講と課題作成に多くの時間を要するようになり、課外講座等での資格取得目的の学習との両立が難しくなって、資格によっては検定試験が実施されずに目標や資格取得の機会を喪失した。大きな震災時には、年に一度の国家試験が特例措置で年に2回実施される等により機会喪失を回避する施策が採られたが、新型コロナ禍ではそれが通用しなかったのである。逆に従来からweb受験可能であった検定試験では新型コロナ禍の影響が弱く、従来からの試験形態の違いによって資格取得の可否が大きく左右されたことが分かる。

③課外活動の延長で就職を目指す大学生

課外活動の延長で就職するのは、主に体育会系部活で活躍する大学生である。２０２０年度通年、体育会系の部活動は全国的に練習・試合中止となり、能力を伸長させ、記録・成績を獲得して社会人チーム、プロチームにアピールする機会を失った。限定的に活動したチームからクラスターが発生したニュースが頻発し、大学スポーツに関わる学生にとっては一般の大学生以上に活躍の場を失い、卒業後の可能性を掴みにくかった一年間であった。

ここに挙げた例は極めて限られたもので、新型コロナ禍の大学生へのネガティブな影響は、これら以外にも多岐にわたる。このように大学生が失ったものは膨大だが、その一方で通常のカリキュラムや大学生活では得られるはずがなかった新型コロナ禍という大きな社会問題そのものから、大学生は未知の壮大な体験学習をすることになった。その壮大な体験学習から得られたポジティブな影響について、次に示す。

2．新型コロナ禍の大学生へのポジティブな影響

新型コロナ禍の大学生へのポジティブな影響は、一般的には認識されにくく、また報道等では取り上げられることが少ない。しかし、実はポジティブな影響がなかったわけではなく、むしろ学生がポジティブに受け止めている経験や、ポジティブに受け止めることで学生の成長につながったり、今後の教育改革の重要な基盤となったりする事項が多く存在する。

（1）新型コロナ禍において大学生が獲得したもの

①立ち止まり思考する機会

大学生は、新型コロナ禍以前には考えることがなかった事項について、深く考える機会を突き付けられた。今まで多くの学生は、流行に流され、仲間と同じ物を消費し、深く考えずとも周囲の雰囲気に合わせてノリで生活する毎日を慌ただしく過ごして来た。しかし、仲間と大学で会い、帰路を共にし、食事や飲酒で盛り上がり、時に出掛けて余暇を楽しむことで忙しくなっていたスケジュールがポカンと空き、そこに自宅での孤独な遠隔授業の受講と課題作成の作業時間が取って代わって侵入してきた。学生の多忙なスケジュールの内容が激変し、予定と予定の合間が、孤独で他者との対話のない時間となった。それをＳＮＳで潰すだけでは満足できる気分転換にはならず、自身の力では解決しきれない状態に落ち込んでいる学生が多くいた。

一方で、窮地に追い込まれて初めて気付くことや、思考することがある。学生は、自問自答し始めた。「大学に入学して学ぶことにどのような意味があるのか」、「専門学校や通信教育と異なる学びを得られるのか」、「大学の授業料が遠隔授業のみへの対価として相当なのか」、「一方向的に配信される授業コンテンツを視聴し、課題フォームに入力して提出する繰り返しの学業という毎日の労働が、非人間的で機械化されたフローの繰り返しに過ぎず、大学生としてのアイデンティティはどこにあるのか」等を模索し始めもした。他者と会えない孤独を経験し、孤独感と闘い、孤独感に慣れ、一人だけの時間の過ごし方を工夫して開発するようになった学生も多くいた。

不要不急の外出禁止と言われて、自身にとって何が不要不急で、何が必要不可欠なのかを考え、本当に必要なもの・ことを見直す機会となった。流行の消費、浪費、軽率な購買行動から脱却し、アルバイトができずに収入が減ったのに貯金が減らずに済んだと語る学生は少なくなかった。コマーシャリズムに流される消費生活を考え直す中で、形式・横並び・自主性のないお付き合いから脱却する視点を得て、個性や個別化を重視するようにもなり、多様性の肯定も進んだ。頻繁に仲間と大学で会わなくて済めば、自身と他者の相違点をいちいち意識せずに済む。

自分の部屋で自分らしく生活することが守られ、それに慣れると、ありのままの自分でいることへの肯定感も育まれる。他者を意識し過ぎることで精神的に疲労したり、必要度の低い物を買ったり、お付き合いで行動していた時間が削減されると、自分らしさが相対的に浮かび上がる。

自身を見つめ直した上で、新鮮な気持ちで自分のペースに基づいて他者との付き合いを再開した大学生もいた。緊急事態宣言の合間をぬって旅行をしたり、大学から離れた居住地域や異なる地域で大学の人間関係以外の知人と繋がったり、人間関係の構築方法でも工夫をし始めた。恋愛関係も例年とは異なり、他大学の学生間での交際が増加し、アルバイト先での出会いや、大学外の知人のネットワークが発端になった学生が多くいた。人とのつながりの構築の方法でも、大学生は工夫をし始めた。

青春期の大学生は、仲間と群れて集団としての力を発揮し、同世代の文化や経験を楽しむ中で成長する側面があるが、一方で自己を見つめ、自分と社会との関係を考え、家庭や学校で保護される存在から社会に出て自立するという成長課題を乗り越えることも必要である。後者は、一人で落ち着いて考える時間をつくり、客観的に自己を見つめる機会がないと成し得ない。皮肉にも新型コロナ禍によって孤独な時間ができたことが、自己を見つめる時間の創出を可能にした。自問自答の時間は辛くもあり、遠隔授業による心身の消耗に重なって、2020年度春学期には精神的健康度が著しく低下した学生が頻出した。しかし、そのような学生も夏休み以降は精神的健康度を快復し、秋学期には遠隔授業に適応する能力も獲得して、概ね順調に秋学期を過ごしていた。

②水平な関係性

2020年度に入学した学生には入学式が行われず、5月以降に遠隔授業が開始され、従来の大学での対面授業をほとんど受講できずに2年次に進級した。2020年度入学者は言わば「遠隔授業エイジ」の大学生である。彼らは、遠隔授業開始時当初はインターネット、ＰＣの環境や利用技術の面で苦労したが、ひとたび環境が整備され、利用技術を獲得すれば、自在にその技術を使いこなし、限られた方法と環境の中ではあるが自分達の活動の場を最大限に拡張した。ＰＣやスマートフォンの画面に並ぶサムネイル上で、学年を越えて授業に並列の関係で参加し、学年の上下の関係を意識することなく発言し始めた。以前であれば、教室では学年ごとに複数名で集まって着席する姿が見られたが、サムネイルの配置はネット会議システムへの入室順に並ぶため、学年ごとにまとまることはなく、完全に上下関係に規定されない「水平な関係性」が成立する点が、ライブ形式の遠隔授業の特徴である。

参加者が多くサムネイルの数も多くなると個が埋没しがちになるために、消極的な学生にとっては羞恥心を感じずに参加しやすい。カメラOFFでよい授業であれば、なおさらである。発言したい学生にとっては、先輩後輩を意識せずにマイクONにすることで発言でき、チャット機能を利用できる場合にはＳＮＳに書き込みをする感覚で自由に好きなタイミングで入力できる。教員が説明をしている最中や、他の学生が発言している途中でも、メッセージを入力・送信可能である。このように、羞恥心を軽減し、複数の表現方法を選択できる遠隔授業では「水平な関係性」の長所を活かして、従来の教室以上に活発な授業が展開される場合もある。この長所を活かすには、教員がファシリテーターとしての技能を適切に発揮できることが必要であるが、この長所を活かせれば多くの学生が積極的に参加できる授業を実現できる。

情報を占有する者、制御する者が権力を握るという構造が組織や社会には存在するが、遠隔授業による「水平な関係性」が成立すると、学生が個性や学年を超えて対等になれるし、「場の共有」という視点からは物理的な場の共有はできない一方で、ネット上のコミュニティという場において教員とも水平な関係性が成立し得る。「水平な関係性」を基盤とする学びの場では、「主対的・対話的な学び」が実現しやすく、これは新型コロナ禍での遠隔授業を通して学生と教員の双方が気付いた産物である。

③ボーダーレス、ユニバーサルな世界

履修学生全員の関係性が「水平な関係性」だとすると、履修者以外の人材や機会と容易に繋がることができるオンラインでの遠隔授業による学習の特徴は、ボーダーレス、ユニバーサルな世界とも言える。筆者の授業では外部講師を招聘する機会があるが、従来は地理的に大学に来校できる範囲内の講師しか招聘できなかった。しかし、新型コロナ禍での遠隔授業では、国内のどこからでも外部講師を招聘できるようになり、さらには国外からも講師を招聘できるようになった。学生は、普段は知見を得ることができない人材から、多くの学びを獲得できるようになったわけである。

筆者のゼミナールでは、従来は学外で調査を実施したり、教育や福祉の現場に訪問したりして、生きた知識や体験を得ることに力を入れてきた。しかし、新型コロナ禍においてそれができなくなり、その代わりに無料で開催される外部のセミナー、講演、ワークショップに学生は頻繁にオンラインで参加するようになった。交通費を支払い、時間を費やして現場に直に足を運び、そのコストと引き換えに自身の目で実態を知ることの意義は、他に替えられない貴重なものである。一方で感染予防ができ、あらゆる現場と繋がることができる点で、オンラインよって実現されるボーダーレス、ユニバーサルな世界は疑似的体験ではあるが、従来をはるかに超えて「学生が触れることができる世界」の幅を拡大させた。

学生が、ボーダーレスでユニバーサルな世界に繋がることができるようになった現象は、ドラえもんの道具で言えば、「どこでもドア」を手に入れたようなものである。いつでも好きな時間に、好きな場所（授業、講演、ワークショップ等）に行くことができ、アーカイブで何度でも同じ場所に繰り返して行ける。ドラえもんでは、「どこでもドア」は一つしかないが、学生達は一人ひとりが自身の「どこでもドア」を獲得し、そのドアを使って相互に行ったり来たり集まったりすることができるようになった。

学生は「どこでもドア」を獲得したと同時に、それを使いこなす思考と技術も獲得した。瞬時にキーボード操作だけで自身の参加する場所、立ち位置を変化させることができる「（ア）スィッチイングの技術」、授業や講演のアーカイブ動画を自身の好きな倍速で再生したり、スキップしたりして再生する「（イ）他者が創作・経験した時間・経験を自身に合わせて変化させる技術」、（ア）と（イ）の技術を統合し自身が創り出した時間や経験の断片を繋ぎ合わせて「（ウ）新たな知見や価値を創造する技術」、自分に必要な機会を掴むために自分の「どこでもドア」を開ける積み重ねにより「（エ）経験や人生を構築する技術」である。

大学生は「どこでもドア」を獲得することによって、短時間で知識や経験を得たり、技術や人生を構築したりできるようになった訳であるが、一方でその土台となっている「どこでもドア」体験は疑似的な体験であることを意識し続けられないと、現実と虚構を見分けることができなくなる危険もはらんでいる。また、「どこでもドア」は開けることで多様な世界と繋がることができるが、自身の好みや希望でいつでも瞬時に閉じることもできる。そうすると他者との関係性の中で成長できる機会を無効にすることにもなる。その危うさを、かつて「どこでもドア」を持たずに成長した経験がある我々が、現在の大学生以下の子ども達に伝えていくべき責任を負っているのではないだろうか。

④セルフ・ケア能力とヘルス・リテラシー

大学生に限らず社会全体で、新型コロナウィルス感染症以外の体調不良のための医療資源の利用が抑制された。大学生も体調不良時に様子見をし、自身で原因を探り、対処方法を試み、専門家の力を借りずにセルフ・ケアで問題解決ができるようになった。意図せず医療の専門家支配から脱却し、自身の健康問題を自身の力で解決するセルフ・ケア能力を取り戻し、言わば脱医療化が実現したのである。

大学生は前代未聞の感染症大流行（パンデミック）に遭遇し、公衆衛生と防疫の知識を獲得し、日常生活の中で実践できるようにもなった。日々刷新される医療情報を理解し、最新の情報に基づいて判断し、ヘルス・リテラシーの能力が向上した。

筆者が担当している健康・医療社会学の授業では、教科書や提示される事例から想像する他人事としての健康事象ではなく、自身が直面している新型コロナウィルス禍を通して、感染症（communicable disease）、グローバル・ヘルス、ワン・ヘルス等の概念を、大学生は身をもって理解することができるようになった。社会の構成員の一人として自身にどのように行動することが求められているのかも認識し、自身の健康と他者の健康、世界中の人々の健康、人間以外の動物の健康との間にも関係性があることを知った。健康や疾病が医学的な側面からだけでは説明や解決ができないもので、経済や政治も含めた社会的な要因との関係性によって成立していることを学んだ。WHO憲章における健康の定義（注）と世界中の人々の健康の実現の必要性が、自分事として認識できたのである。この概念は重要でありながら、高等学校までの教育の中で重きを置いて取り上げられているとは言えない。国民一人一人がセルフ・ケア能力とヘルス・リテラシーを向上させることができれば、個々人の生活と人権が守られ、医療費や公衆衛生予算の抑制にも繋がる可能性がありながら、この側面は学校教育においても社会においても大きく注目されてこなかった。このことは、ひとたびパンデミックが発生した際の対策の遅れや、大学生に限らず国民の理解と協力を得る効力の弱さの要因にもなっているのではないだろうか。新型コロナ禍の経験から、学校・社会教育の中で防災教育同様に感染症予防やヘルス・リテラシーの向上を目指す教育の必要性が明確になった点は、我々が獲得した知見の一つである。

⑤社会の仕組みへの関心

大学生の多くは、学部・専攻にもよるが、必ずしも社会の仕組みに対する関心が高いとは言えない。しかし、新型コロナ禍において自身のアルバイトがなくなる、親の収入が減る、親が在宅勤務になる、外食や旅行ができなくなる、エッセンシャルワーカーによって日々の生活が支えられていることを自覚するようになる、学校に通学できなくなる、通信技術と通信機器がなければ多くの活動が停止する、といった経験をした。それらを通して、社会のあらゆる活動が相互に関係性を有していて、社会の仕組みの中で無意識に多くの恩恵を受けて生活していることを実感した。政治、経済、市民の生活の関係が、手に取るように分かるようになったわけである。政治や経済に関心がなくても、未曾有の社会現象を体験する中で、今まで経験したことがない生きた学習をすることになった。

各種のメディアで華々しい活躍をPRしている企業に就職したいと考えていた学生が、人々の生活を真に支える業界や職業は何だろうと考え、伝統と従来の技術に頼ってきた企業が新型コロナ禍では機能を発揮できなくなることを知り、通信関連産業が一気に躍進していることを目の当たりにした。有事に強い企業や働き方、予測不可能な時代に柔軟に対応できる企業の体質や文化、今後の社会で活躍できる職業を模索し始めた。前述したように、獲得した孤独な時間に、自己を見つめ直すのと同時に、自身や社会の将来について想像するようになったのである。現在の社会現象そのものが大学生の生きた教材となっていて、大学生は既存の学問と文部科学省から認可されたカリキュラムを超えて、主体的に学ぶ機会を得た。新型コロナ禍における大学生は、今後の社会を創っていく人材として、大きな学習機会を得たことにより、それを活かす新しい時代の力となることが期待される。「麦は踏まれて強くなる」と言われるように、新型コロナ禍で大学生は新たな強さを獲得していると感じる。

⑥ＩＴリテラシー

大学入学前にＰＣが得意・不得意のいずれであったかにかかわらず、大学の授業が全面的に遠隔授業となったことにより、その授業受講に必要なＩＴリテラシーは当然の能力として全ての大学生に求められることになった。筆者の本務校では、２０２０年度はＰＣや無線ＬＡＮ（Wi-Fi）ルーターを持たずに購入できない学生には、大学から年度内レンタルを行った。重ねて全学生に対して、ＰＣ、インターネット環境の整備目的として一律５万円の補助金を出した。効率はよくないが、スマートフォンでも遠隔授業を受講し、課題提出することは可能なため、最低でもスマートフォンとインターネット環境が揃えば遠隔授業に対応できる。

２０２１年度は、年度初めに自力でこれらの環境を整備してもらう前提で授業が開始された。つまり、大学生は新型コロナ禍で一定のＩＴリテラシーを標準的に獲得しただけでなく、インターネット環境も獲得した。

このような状況において、スマートフォンしか持てない学生とＰＣを持てる学生との間で格差が生じている。両者での情報処理速度と処理能力（質と量）は格段に異なり、一定の時間内に同一の課題を処理するには、断然ＰＣを持つ学生の方が有利となる。家庭の経済状況がＰＣ保有の有無に反映し、それが課題の処理能力を規定し、結果として成績に影響し、その後のキャリアに影を落とすことになる。入学時に遠隔授業に対応可能な環境を整備できない者は、大学入学自体が自ずと不可能になる状況である。経済格差が学力格差や学歴格差に繋がり、職業選択の自由の制限に影響する事実も、ＩＴリテラシーとＩＴ環境獲得が標準化された大学教育時代に軽視できない点を付記しておく。

このような問題がありながらも、遠隔授業に対応できている大学生は、ＩＴリテラシーと並行してもう一つの能力を新型コロナ禍において獲得した。それは、新しいスタイルの対人コミュニケーション能力で、直接接して行う狭義のコミュニケーションだけでなく、インターネットを介して行う間接的コミュニケーションも含む広義の対人コミュニケーション能力である。具体的には、オンライン会議システム上で「一人対多数」「多数対多数」のコミュニケーションを瞬時に使い分けて、発信したり視聴したりを手際よく交替して行う能力を指す。単に口頭での発信に限らず、手元の文書やスライド等のデータを共有化してプレゼンテーションを行い、意見を募り、出てきた意見をリアルタイムに参加者全員の前で画面上で記録化しながら、特定の参加者に指名をして発言を促したり、教員に助言を求めたりできる学生が多く現われてきた。オンライン会議システム上で、並行してチャットで発信したり返信したりもするし、場合によってはチャットを使い分けて、全員に発信したり特定の参加者との間で連絡を取ったりもする。さらにオンライン会議の最中に、手元のスマートフォンでSNSを使ってグループで意見をまとめてから、オンライン会議上でまとめた意見を発言したりもする。同時に複数の通信システムやツールを使い分けながら、それらを統合する能力が確立してきていることを実感する。例が適当ではないかもしれないが、多言語の参加者相互に言語を使い分けながら共通理解を構築するような器用さを、当然のこととして大学生は発揮しているのである。

最近までは、調査等で対象者に電話をしたり、就職活動で企業に電話連絡したり、生活上の諸手続きのために必要な電話を掛けることが不安で怖く、電話恐怖症のような大学生が多かったが、ITリテラシーの向上と共に、電波を介して遠隔の相手と対話をすることへの抵抗感が軽減してきている。これは、新しいスタイルの対人コミュニケーション能力の向上と言ってもよいだろう。

オンライン会議システムで新しいスタイルの対人コミュニケーション能力が向上する理由の一つに、新型コロナ禍で対面での会話時にマスク着用が不可欠となっている反面、オンラインではマスクを着用せずに会話をすることができ、画面上ではあるが相手の表情が読み取りやすく、マスクなしで会話をできることで心理的距離が近くなるという効果がある。物理的距離よりも心理的距離が近くなることで、対面の直接的コミュニケーションよりもオンラインの間接的コミュニケーションの方が円滑なやり取りになる要素を有している点は、新型コロナ禍以前には気付きづらかった点である。

（2）新型コロナ禍において救われた大学生

新型コロナ禍において辛い経験をしている学生が一般的であるが、一部の学生では新型コロナ禍に救われた部分がある。では、どのような学生が新型コロナ禍において救われたのだろうか。

①人付き合いが苦手な学生

人付き合いが苦手な学生は、自らを「コミ障」と称したりする。これはコミュニケーション障害の略称で、医学的に診断を受けたというよりも人付き合いが苦手という意味での通称として使われている。乳幼児期の発達の特徴として6ヶ月頃から始まり2歳頃に落ち着く「人見知り」という用語を用いて、大学生でありながら「人見知り」と自身の特徴を説明する場合もある。自称「人見知り」は、現在では成人期以降あらゆる年代で見られるものとなっている。自称「コミ障」や自称「人見知り」を超えて、いわゆる対人恐怖症（社交不安症）の兆候を有する学生では、公共交通機関を利用して通学することに恐怖や苦痛を感じて通学できなくなったり、大人数が履修する授業で動悸や過呼吸等の症状を示したりする。場合によっては、他者からの視線が怖くて通年マスクを着用する学生もいる。

このような学生にとっては、新型コロナ禍において全ての人がマスクを着用する社会になったため、自身だけが特別視をされることがなくなり、心理的な抵抗感が軽減して気持ちが楽になった。さらに遠隔授業が標準になると、緊張と闘いながら公共交通機関を利用して通学しなくてもよくなり、教室でパニックになる心配も避けられるようになった。遠隔授業ではカメラOFFのまま受講できる授業が多く、画面上でも自身の顔をさらさなくて済む。カメラONにしなければならないゼミナールのような授業でも、「カメラの調子が悪い」「カメラが装備されていない」という理由でカメラ使用を回避できる。カメラONでもマスク着用で参加することも可能で、他にも発言したくない表明としてマスクを着用する学生や、化粧をせずに参加するために顔の半分だけでも隠したくてマスクを着用する学生もいるため、自宅からマスク着用で遠隔授業にカメラONで参加しても、特段きまりが悪い思いをしなくて済む。

対人恐怖症に限らず自称「コミ障」や自称「人見知り」も含めて、通学による極度な心理的負担を背負っていたこれらの学生は、従来であれば授業の出席率が低くなり、単位取得に苦労してきたが、遠隔授業の標準化により容易に単位取得が可能となった。言わば、新型コロナ禍において救われた学生である。

②発達障がいの学生

a．時間管理が苦手な学生

発達障がい（もしくは発達障がい傾向の）学生の中には、朝起きられない、起立性障がいがある、時間やスケジュールの管理が苦手、見通しを立てて計画性を持って行動できないといった特徴を持つ者がいる。このような傾向の学生は少なくなく、従来であれば授業に出席できずに容易に単位を落とし、円滑に卒業できなかったり、就学途中で学習意欲を喪失して中退したりする結果を招いていた。

新型コロナ禍において遠隔授業しか実施できなくなった時点で、大学としては通学できないことで大学教育に満足できなくなったり、帰属意識が低下したりして、学修困難者や中退者が例年より増加することを懸念した。特に通学による対面授業でさえ出席率が低くなりやすい発達障害（傾向）の学生が、早期にドロップ・アウトすることを想定していた。ところが、2020年度通年の傾向を顧みると、例年に比して学生全体の単位取得率は向上し、中退者は減少した。

その理由を検証してみると、遠隔授業では通信環境の不具合等を考慮して、リアルタイムでのオンラインの遠隔授業参加ができなくても、授業の録画を遅れて視聴（アーカイブ受講）できる仕組みを用意したことが救いになっている点に気付いた。朝起きられない学生や、時間やスケジュールの管理が苦手な学生も、遅れてアーカイブ視聴をし、課題提出さえできれば出席扱いになるという時間的猶予によって助けられていたのである。課題提出の締切も、授業実施後少なくとも3日以上後に設定する申し合わせとなっていて、これはアーカイブ視聴による受講者への配慮によるものである。さらに、通信環境の不具合も考慮して、締切後の課題提出も受け付けし、出席考慮をすることが大学から教員に要請されているため、通学による対面授業では欠席扱いになり出席不良を理由に単位認定されなかった学生の多くが、単位認定されるようになった。

大学によっては、リアルタイムでの出席と課題提出の期限の厳密さに関して差が見られるであろうが、遠隔授業で救われるようになった大学生は少なくないだろう。

b．学習支援が必要な学生

発達障がい（傾向）の学生が遠隔授業で救われる理由は、他にもある。時間やスケジュールの管理が苦手な学生、分野や科目によって学力に極度な差が生じる学生は、履修科目全般において問題なく単位取得することが難しい。そのような学生は、小学校から高等学校までの間にも多くの学習上の困難に遭遇し、大学まで進学する時点で家庭の支援を受けながら困難を乗り越えてきている場合が多い。しかし、大学では学修内容が専門化・高度化し、家族による支援や教員による特別支援を受けることが難しくなる。家庭によっては、受講時に授業の録画を許可して欲しいという要望もある。家庭に持ち帰った動画を保護者が視聴して、子どもの学習支援をしたいという理由によるものである。筆者の大学では、授業の記録は各教員の裁量に任せられていて、教員によっては音声のみ録音を許可しているが、動画の記録は許可していない。

遠隔授業が標準となってから、学習支援が必要な学生は家庭で保護者の支援を十分に受けることが可能となり、課題の作成や提出の管理にも保護者が関与できるようになった。このことは、本来禁止されている代理受講や代理受験と抵触する部分があり、これらの不正行為を排除すべく管理については、今後十分な検討と改善が必要となるが、現時点においては学習支援が必要な学生の単位取得はきわめて容易になっていると言えよう。

c．書字（表出）障がい・読字障がいの学生

発達障がいの学生の中には、書字（表出）障がい者がいる。字を書くという行為が苦手で、自筆でノートをとったり授業内の提出物を記述したりする場合に多くの時間が掛かり、書かれた文字が読みづらく、一定時間内に求められる量と質を満たすことができない。このような学生の中には、ＰＣで文字入力をすると容易に書字表出できるケースもあり、遠隔授業で毎授業の課題を入力により提出できる方式になると、今までの書字（表出）障害による困難を一気に解消できるようになる。

書字（表出）障がいは、読字障害に伴って生じている場合もある。そのような学生では、遠隔授業の動画をアーカイブで繰り返して複数回視聴することで、聴覚情報で補いながら文字や資料を総合的に理解しやすくなる。

本来は、書字（表出）障がい・読字障がいの学生を含めた発達障がいの学生や、その他の障がい学生も、遠隔授業の形式で克服できる課題があれば、それを対面授業でも実現できるようにする合理的配慮が必要である。このような対面授業での体制の不備を再検討するためにも、新型コロナ禍における遠隔授業は、ある意味でよい警鐘とな

る。

③遠距離通学者・地方出身者

遠距離通学者・地方出身者も、新型コロナ禍における遠隔授業で救われた部分がある。遠距離通学者は自宅でPCやスマートフォンの電源をONにするだけで瞬時に授業に出席できるようになり、通学時間・交通費・体力の消費を省くことができるようになった。経済状況が苦しい家庭では、通学のための交通費も負担となる。過去の例であるが、家族で学生の通学定期券を共用していて、家族が定期を使う日なので大学に来られないと言う学生がいた。本来これは違法行為のために公表は望ましくないが、経済格差が学力や学歴の格差に反映する事例とも言え、社会的な支援の必要性を検討すべき課題でもある。

地方出身者が東京の大学に進学することは、上京して視野を広げる成長の機会ともなる。そのために、保護者には上京する子どもの教育費だけでなく、住宅費・生活費等の負担もする覚悟が求められる。ところが、新型コロナ禍において2020年度は遠隔授業で学修可能となり、子どもは上京せずに済み、見込まれた住宅費・生活費等を節約できた。

逆に、2020年度開始時に上京してしまい、一人暮らしで遠隔授業を受講することになった学生もいて、大学で友人をつくることができずに孤立し、感染予防のために実家にも帰省できず、保護者は不必要であったはずの住宅費・生活費を負担することになった家庭もあった。同様に、賃貸住宅等の契約をしたが、転居する前に遠隔授業実施となり、契約料や賃料を無駄に支払うことになった家庭もあった。このように、地方出身の学生の中には、新型コロナ禍に振り回された学生もいたことは無視できないが、多くの地方出身学生は様々な経費を節約できた。

3．新型コロナ禍の大学生への影響：保健医療社会学的視点から捉える

上記で多くの実例を取りあげ、新型コロナ禍の大学生への影響を示してきたが、これらを保健医療社会学的視点から捉えてみたい。

（1）新型コロナ禍の大学生への健康面での影響

2020年度に多くの大学生に共通して見られた健康面での特徴は、以下のとおりである。4月には、いつ開始されるかわからない大学の授業への不安と焦燥感、5月には不慣れな遠隔授業への対応への困惑、6月には対応しきれない受講と課題作成による疲労と鬱傾向、7月には体力低下と季節の変化への不適応も重なり心身両面での不調が顕著であった。しかし、8～9月半ばまでの夏休み期間を経て秋学期になると、春学期の経験を通して学習したことによる適応力の向上により、多くの学生はセルフ・ケアと対処能力を発揮して、厳しい状況を乗り越えていた。

健康科学の分野で注目されている概念に、ストレス対処力ＳＯＣ（sense of coherence：首尾一貫感覚）というものがある。これは、以下の3つの特徴を持った生活や人生の捉え方である。「（ア）社会は安定していて、先行きが見通せると思える」、「（イ）何か困ったことがあっても、誰（何）かに助けてもらえる、何とかなると思える」、「（ウ）生きていく上で遭遇する出来事にはすべて意味があり、今後遭遇する出来事も挑戦と思える」。

大学生は新型コロナ禍が発生した当初、人生の中でこのような大惨事に遭遇するとは思わなかった、自分の人生は不運だ、なぜ自分達だけが不遇な大学生活を送らなければならないのか、と捉えていた。しかし、同様に困難に

遭遇した人は世界中にいること、他国に比して日本の状況は最悪ではないこと、大学生だけでなくあらゆる年齢層が困難に立ち向かっていること、遠隔授業に慣れて何とか学修が進み単位取得できていること等を認識し、上記のSOCの能力を培うことができたと考えられる。

(2) 遠隔授業による学習時間の延長

わが国では、労働者の労働時間が長すぎることが指摘され、働き方改革が推進されている。一方で、大学生の学習時間が長すぎると問題になることはない。むしろ、他国の大学生と比較すると日本の大学生の学習時間は総じて短いと言われてきた。ところが、新型コロナ禍において遠隔授業が中心となってから、大学生の学習時間が延長する現象が起きてきた。従来は、履修授業に出席するだけで予習・復習をしない学生は珍しくなかった。一部の授業で課せられる課題を自宅で行うことはあったが、毎日何時間も机に向かう学生は、概ね資格試験のための学習をしている者に限られていた。文部科学省は座学を中心とする科目では、予習・復習の時間も見込んで単位認定することを前提としてきたし、大学はそれを承知していたが、学生からは授業時間外で学習しなければならない科目は不評であった。

ところが、新型コロナ禍における遠隔授業では学生の学習時間が延長し、場合によっては睡眠時間が削られ、週末も休息が取れない事態が発生した。対面授業では教室に着席しているだけで出席確認が可能だが、遠隔授業では出席確認が難しいために、各授業で課題を設定し、課題提出によって出席管理をする方法が一般的となった。一日に4コマ(90分授業×4＝6時間)の授業を履修すると、それと同程度の時間を掛けて課題に取り組まなければならないこともある。同日中に履修している全ての科目の遠隔授業にリアルタイムで出席し、課題もこなせればよいが、授業によっては授業後の資料や課題の提示が遅れてなされることもある。インターネット環境の不具合や自身の都合によってリアルタイム受講ができなくなると、遅れて提示されるアーカイブ動画を後から視聴し、課題もそれに次いで取り組むことになる。そのような状況は容易に生じ、当日の授業の受講と課題作成に合わせて、過去の授業のアーカイブ視聴と課題作成が重なることが起こる。科目によって受講の形態（リアルタイム授業、資料のみ提示、アーカイブ動画も利用可等）、課題の形態（フォーマットに入力、文書ファイルで入力、手書きのノートを撮影してデータ化し提出等）、課題の提出方法（大学の学修システム、メール、民間のアンケート方式の調査システム等）、課題の提出締切、等が異なる。そのため、全授業が通学で対面により時間割通りに実施されても受講の管理がしきれないことが起こるのに、受講のタイミングがずれると学生には管理の難易度が高すぎ、その学習上不要な難易度に苦しむことになる。

このような結果、学生は生活リズムを保つことができず、朝から晩までＰＣの前に座り続け、受講と課題作成を繰り返すことになる。教員は科目ごとに十分過ぎる量の課題を設定しやすく、一科目だけでも負担が大きいのに、それが複数科目重なると一日分の授業の課題を一日ではさばけなくなる。一般の学生でも大変なのに、教職課程等の資格取得を目指す学生は、半期に約40単位を超える授業を履修するため、週に何日も徹夜を繰り返し、提出できない課題に押しつぶされそうになり、精神的健康度が極度に低下する。

一般的に日本の大学生は勉強しないと言われてきたが、新型コロナ禍における遠隔授業によって急激に学習形態が変化し、学習効果の検証がなされないまま学習に割かなければならない時間が延長した。一方で、経済的に余裕がない家庭も多く、アルバイトをせずに学習に専念できる大学生の割合は低い。アルバイト代の一部もしくは全部を学費に投入している学生もいる。しかし、上記の状態では学業とアルバイトの両立ができなくなり、生活を優先してアルバイトをすれば、単位取得が難しくなる構造となっている。

学生によっては、過労死が懸念される程の状態の者も出てきた。2021年度は、感染者数の動向次第で、対面授業と遠隔授業を混合させた授業形態に移行してきたが、一部の授業を対面授業にするために、通学時間と重なる授業はアーカイブで受講するように大学は指導している。履修の時間割とは別に、実質的に受講できる時間割を各自で作成しなければならない状況である。遠隔授業による学習時間の延長について触れたが、対面授業と遠隔授業の混合形態を採ると通学時間も必要となるために、遠隔授業のみよりもさらに学習時間の確保が困難となる。この混合形態を経験した学生は、対面授業のみか遠隔授業のみか、いずれかに徹底してほしいと口を揃えて言っている。過度な学習時間の延長による大学生の心身の健康と生活への影響については、今後丁寧に調査・分析する必要が残されている。

（3）10年に1回の周期でパンデミックが起こる可能性

2000年以降、新型ウィルス感染症の世界的な大流行（パンデミック）は比較的短い周期で起きてきた。特にコロナウィルス感染症は最近20年間に3度にわたって大流行した。2002〜2003年のSARS（重症急性呼吸器症候群）、2012年のMERS（中東呼吸器症候群）、2019〜2021年現在の新型コロナウィルス（COVID−19）感染症である。さらに、新型インフルエンザウィルス感染症もいつ大流行してもおかしくないと考えられている。この状況をみると、10年に1回か、より短い周期で次の新型ウィルス感染症のパンデミックが起こる可能性を否めない。

我々が、未だ収束していない新型コロナウィルス禍から学びつつあることは膨大である。本稿では大学生が新型コロナ禍においてどのような影響を受けてきたかに焦点を絞ったが、大学生の経験を踏まえて、今後のパンデミックに対応する大学教育に活かせる知見は多くある。ＳＡＲＳやＭＥＲＳのパンデミックの大きな影響を受けた国々では、今回の新型コロナウィルス感染症に対する対応策の起動が速く、感染者数抑制の面でも効果を挙げてきた。我々は、大学生と同様にストレス対処力ＳＯＣを培い、今後のパンデミックに備えることで、現在経験している脅威を意味のあるものにしなければならない。我々も、「どこでもドア」を未来に開き、大学生と共に成長すべく好機に立たされているのではないだろうか。

〔はせがわ　まきこ〕

注

世界保健機関憲章前文（一部）（日本ＷＨＯ協会仮訳）

健康とは、病気ではないとか、弱っていないということではなく、肉体的にも、精神的にも、そして社会的にも、すべてが満たされた状態にあることをいいます。

人種、宗教、政治信条や経済的・社会的条件によって差別されることなく、最高水準の健康に恵まれることは、あらゆる人々にとっての基本的人権のひとつです。

世界中すべての人々が健康であることは、平和と安全を達成するための基礎であり、その成否は、個人と国家の全面的な協力が得られるかどうかにかかっています。

ひとつの国で健康の増進と保護を達成することができれば、その国のみならず世界全体にとっても有意義なことです。

健康増進や感染症対策の進み具合が国によって異なると、すべての国に共通して危険が及ぶことになります。

子供の健やかな成長は、基本的に大切なことです。そして、変化の激しい種々の環境に順応しながら生きていける力を身につけることが、この成長のために不可欠です。

健康を完全に達成するためには、医学、心理学や関連する学問の恩恵をすべての人々に広げることが不可欠です。

一般の市民が確かな見解をもって積極的に協力することは、人々の健康を向上させていくうえで最も重要なことです。

各国政府には自国民の健康に対する責任があり、その責任を果たすためには、十分な健康対策と社会的施策を行わなければなりません。

参考文献

- アジア・パシフィック・イニシアティブ著（2020）『新型コロナ対応・民間臨時調査会』ディスカヴァー・トゥエンティワン
- 石井英真著（2020）『未来の学校』日本標準
- 石戸奈々子編著（2020）『日本のオンライン教育最前線』明石書店
- 内田樹（2020）『コロナと生きる』朝日新聞出版
- 内田樹編（2020）『ポストコロナ期を生きるきみたちへ』晶文社
- 大野和基編（2020）『コロナ後の世界』文藝春秋
- 教育科学研究会「教室と授業を語る」分科会（2020）『コロナ時代の教師のしごと』旬報社
- 『教職研修』編集部編（2020）『ポスト・コロナの学校を描く』教育開発研究所
- 國井修著（2020）『人類vs感染症』ＣＣＣメディアハウス
- 佐藤明彦著（2020）『教育委員会が本気出したらスゴかった。』時事通信社出版局
- 庄子寛之編著（2020）『withコロナ時代の授業のあり方』明治図書出版
- 『授業力&学級経営力』編集部編（2020）『with（ウィズ）コロナの学級経営と授業づくり』明治図書出版
- 千葉大学教育学部附属小学校著（2020）『オンライン学習でできること、できないこと』明治図書出版
- 東洋館出版社編（2020）『ポスト・コロナショックの学校で教師が考えておきたいこと』東洋館出版社
- 奈須正裕編著（2020）『ポスト・コロナショックの授業づくり』東洋館出版社
- 西川純編著（2020）『子どもが「学び合う」オンライン授業！』学陽書房
- 日本ＷＨＯ協会訳（1948）『世界保健機関（ＷＨＯ）憲章』https://japan-who.or.jp/about/who-what/charter/
- 原口直著（2020）『Youtubeで授業　学級経営やってみた！』東洋館出版社
- ヤマザキマリ（2020）『パンデミックの文明論』文藝春秋
- 渡辺秀貴編（2020）『ポスト・コロナの新しい学校づくり』教育開発研究所

予防接種ワクチン副反応による健康被害者の救済と今後の課題について

野口友康

はじめに

１９８３年の11月まで、Ａさんは、元気に小学校に通っていた。父の甲さんによるとＡさんは、小学校の時に学年対抗リレーで毎年選手に選ばれ、小学校の連合運動会では、高跳びで二位になったという。Ａさんがとても活発な子どもだったので、甲さんは、家の外でローラースケートをして遊んでいたＡさんをみて、交通事故にあわないかと心配ばかりしていたという。それくらいＡさんはとても活発な子どもだった。そんなＡさんの人生が一変したのは、１９８３年の11月の小学校６年生（12歳）のときに受けたインフルエンザの集団予防接種だった。インフルエンザの予防接種後に、健康状態がどんどん悪くなり、あのように元気な子どもが、話すことすらできなくなり全介助が必要になったことは、両親には全く信じられない出来事だった。妻の乙さんは、ひとり娘であるＡさんがこのようになったのは、自分にも責任があると、その頃、仕事でパートから正社員になったにも関わらず、会社をやめてＡさんの通院などのために自動車免許をとった。甲さんによると、乙さんは、「私が明るく暮らさないと、この子がかわいそう。笑顔をみせなければならない」とAさんの前では、つねに明るく振舞っていたという。そんなお母さんの姿をみてか、Aさんは、足でPCの画面に文字を打って、「一番つらいことはお父さんとお母さんにめいわくをかけたこと」といったという。しかし、乙さんは、Aさんよりも前の2008年に亡くなった。それ以来、甲さんは、訪問介護の助けを受けながらAさんの介護をしてきた。そして、2018年10月のある朝、Aさんは、47歳で生涯を閉じた。甲さんによると、Aさんは、前日までいつもと変わらない生活をしていたという。それは突然の出来事だった（2018年12月26日筆者による甲さん〔70代〕の聞き取り調査より）。

右記は、インフルエンザ予防接種ワクチンの副反応による健康被害者であるAさんに関する聞き取り調査を引用したものである。

予防接種の効用により世界において、年間約200~300万人の人命が救われている。そして、約150万人が予防接種率の改善により死亡を防ぐことができるという[1]。予防接種は、そもそもその人の感染症への免疫力を高めるために体内に病原体のもつ成分の一部や添加剤などを入れるため、その人の健康状態や体質によって、予測できない副反応がおこる場合がある[2]。重篤な副反応が起こる確率は、約10万人に1人から100万人に1人程度とされている（重村 2014:21）。また、副反応は、ワクチンの製造過程、品質管理、医師による接種時のミスなどのヒューマンエラーにより発生する場合もある。予防接種後に軽い体調不良、皮膚の腫れなどの比較的軽度なものから重度の身体・知的障害につながる事例がある。このような副反応が、なぜある人には発生し、ある人には発生しないのかという科学的因果関係の解明には至っていない[3]。

表１　予防接種健康被害救済制度による認定被害者数－2019年度までの累計数

	総数	医療費・医療手当	障害児養育年金	障害年金	死亡一時金・遺族年金・遺族一時金・葬祭料
予防接種ワクチンの種類					
MMR（麻しん、風しんムンプス三種混合）	1,041	1,030	2	6	3
BCG	718	712	1	3	2
痘そう（天然痘）	287	43	0	202	42
DPT（ジフテリア、百日咳、破傷風三種混合	240	169	10	41	20
日本脳炎	227	169	14	33	11
ポリオ（経口生ポリオ）	182	45	22	103	12
麻しん	143	104	5	20	14
インフルエンザ（臨時）	132	94	0	20	18
風しん	71	63	2	3	3
肺炎球菌（高齢者）	63	61	0	0	2
MR（麻しん、風しん二種混合）	63	52	7	2	2
DT（ジフテリア破傷風二種混合）	46	45	0	0	1
インフルエンザ（定期）	45	38	0	3	4
DP8ジフテリア・破傷風二種混合	34	3	0	24	7
肺炎球菌（小児）	28	26	0	0	2
HPV（子宮頸がん）	28	26	0	2	0
Hib	24	23	0	0	1
DPT-IPVジフテリア、百日せき、破傷風及びポリオ四種混合ワクチン）	21	20	0	0	1
水痘	9	7	1	0	1
B型肝炎	7	7	0	0	0
P（百日せき）	4	0	0	3	1
IPV（不活化ポリオ）	3	3	0	0	0
D（ジフテリア）	2	1	0	1	0
腸チフス・パラチフス	1	0	0	0	1
合計	3,419	2,741	64	466	148

厚生労働省のホームページのデータをもとに筆者作成[(4)]

日本の予防接種ワクチンによる健康被害の歴史を振り返ると、冒頭で引用したAさんのような被害を受けた人々は、予防接種健康被害救済制度により救済されるが、ワクチンの副反応による健康被害者として認定された人数は、表１のとおり３４００人以上になる（１９７６年の認定制度開始以降、勧奨接種のみ）。本稿の主題は、予防接種ワクチンによる健康被害について、四つの市民運動を中心に考察し、市民運動を契機とした予防接種施策の変遷と、そこから浮かび上がる健康被害者救済の現状と今後の課題を提示することである。

１．戦後の予防接種施策

戦後の日本の予防接種法は、接種義務を重視した制度であり、接種をしなかった場合には罰則規定が存在していた。それは、戦後の劣悪な衛生環境のもと、感染症の蔓延を防止することを重視（感染症罹患の回避）した強制力をもった予防接種施策であった。その後、日本の戦後復興による衛生環境の大幅な改善、国民の健康の増進、医学の発展の寄与などにより、１９６０年代には、感染症の罹患数と死亡者数は大幅に減少していくが、行政は戦後のＧＨＱ主導による行政措置であった予防接種施策の骨幹を、１９９４年に個別接種に移行するまで約46年間堅持した。この時期には、社会全体に予防接種ワクチンによる副反応の医学的知見がなかったため、副反応による健康被害は、個人的な問題に帰着していた。そして被害者たちは、不幸な出来事は自分たちだけに起こったやむを得ない事故と認識し、法律に基づいた健康被害者の救済は行われなかった。

2. 健康被害者による四つの市民運動

本章においては、１９７０年代以降に起こった予防接種ワクチンの副反応や接種ミスにより健康被害を被った人々による四つの市民運動について考察する。

（1）第一の市民運動（全国集団予防接種禍）

１９７０年代前半まで日本において予防接種による副反応が認識されていなかった時期にどのように副反応が表面化し、第一の市民運動である集団予防接種禍訴訟が全国で起こったかを考察する。当時、予防接種健康被害者は、予防接種副反応の医学的知見がなかったため、行政および医療機関から個人的な「特異体質」によるものとされていた。そして被害者たちは、原因のわからない障害に苦しんでいた。しかし、１９７０年５〜６月のメディアによる種痘接種後の健康被害の報道をきっかけとして、被害者たちは、健康被害は自分たちだけに起こったことではないと知りうることになり、一気に表面化したのである(5)。報道の直後、40家族が集まり予防接種事故防止推進会が結成され、被害者の救済に関して、国と折衝を行うことを決議した。

これまで法律がないため被害者の救済はできないとしてきた国は、行政措置として、翌月の7月に救済措置を閣議決定した。吉原賢二によると、１９７３年に施行された被害者救済の内容は、18歳未満の死亡及び後遺症一級の被害者に対して２７０万円を上限とする一時金を支払うというものであった。しかし、救済の内容は、全体として額が低く、医療費の支給条件など被害者の不満は大きかったという(吉原 1975:103-104)。被害者たちは、引き続き国と折衝していたが、要望していた恒久対策が一向に進まなかったため国を提訴する決断をした。この東京予防接種禍訴訟は、１９７３年に62家族１６０人(種痘・インフルエンザ・百日ぜき・ポリオ・腸パラチフス・日本脳炎の予防接種ワクチンなどにより死亡・重篤な後遺症を被った健康被害者)が、国の責任、国への損害賠償、損失補填を求めて提訴したものである。

１９７３年に提訴された東京集団予防接種禍の一審の判決は、１９８４年に言い渡され、憲法二十九条第三項を類推適用し、国に対して損失補填責任を認めた。国が控訴した二審の判決においては、憲法上の損失補填請求権は否定したものの、厚生大臣(当時)の予防接種行政の過失にもとづく国家賠償責任を認め、予防接種には重篤な副反応の危険性があるため国は可能な限り重大な事故を起こさないように努める義務があるとした。また、判決において、この義務を果たすために医師による充分な問診、禁忌者の識別と除外をする体制の必要性が指摘された。そして、これまでの行政の事故の可能性や禁忌者についての認識不足を批判した。その後、国は最高裁への上告を断念し結審した。１９９２年の東京高裁の判決は、各地(大阪・名古屋・福岡)の集団予防接種禍訴訟の判決に大きな影響を与えた。

（2）第二の市民運動（MMR薬害ワクチン禍）

MMRワクチン（麻しん・おたふくかぜ・風しん3種混合ワクチン）は、1989年に接種が開始された。この当時、麻しんは定期接種化されていたが、おたふくかぜと風しんは任意接種であった。個別に三つのワクチンを、または風しんのみを受けるよりも、MMRワクチンで三つのワクチンを同時に受けることは、医療機関と保護者にとって時間的な負担を軽減し、三つの感染症への予防対策ができ、その費用も公費負担であったことからMMRを選択しない強い理由はなかった。

しかし、ワクチンの製造業者であった大阪大学医学部微生物病研究所（阪大微研）のおたふくかぜワクチンにより無菌性髄膜炎が発生したため、1993年4月にMMRワクチンは接種中止となった。1993年12月に大阪でMMRワクチンにより死亡した2児の子どもの保護者が、国と阪大微研を提訴した。その後、1996年4月、被害者家族3人が二次提訴をした。この裁判は、2003年の一審の判決で、阪大微研による医薬品の安全確保義務違反が認定された。また、国には製造者への指導監督責任があったとして、賠償責任を認定したが、国は控訴した。2006年の二審判決は、一審判決の内容をほぼ踏襲したもので、被告の阪大微研が一審判決後に賠償金を支払ったため最高裁は、国の請求を棄却し、一部被害者の国に対する上告について受理せず一連の訴訟は終結した。国は、その後も法的責任を認めておらず、被害者に対して謝罪をしていない。

MMR訴訟は、ワクチン製造会社の製造時の安全確保義務違反と、そのようなワクチンの製造と販売を承認した国の監督上の責任を追及した薬害訴訟であり、製造と品質管理工程においても予防接種による健康被害が起こる可能性が露呈した事例と言えるだろう。ＭＭＲの健康被害者は１７５４人で、そのうち１０４１人が予防接種健康被害救済制度において被害者の認定を受けた（表1参照）が、国は、ＭＭＲワクチン導入後、４年間にわたり接種を継続したのである。

（３）第三の市民運動（Ｂ型肝炎ウイルス禍）

ＷＨＯは、１９６２年に注射のつどごとに注射筒や注射針を新たに滅菌することが大切であると報告をしたが、その後もこの報告が見過ごされ、集団予防接種において、注射器の連続使用がされていた。

Ｂ型肝炎訴訟は、１９８９年、北海道において５人が集団予防接種での注射器連続使用によってＢ型肝炎ウイルスに感染したとして国を提訴したことに始まった。この訴訟は、２００６年の最高裁の判決により国の損害賠償責任が認められた。被害者は、国に対して被害者全体の救済対策を求めたが、国が同意しなかったため、２００８年から全国10の地域において、Ｂ型肝炎訴訟が提訴された。

その後、２０１１年に札幌地裁より和解の考え方（所見）が提示され、被害者と国は、和解を受入れ基本合意が成立した。その基本合意は、次の5点である。

第一に、国は責任を認めて正式に謝罪する。第二に、和解対象者の認定要件により和解金を支払う。第三に、国は、患者が不当な偏見・差別を受けることなく安心して暮らせるように啓発・広報に努めるとともに、肝炎ウイルス検査の一層の推進、肝炎医療の提供体制の整備、肝炎医療に係る研究の推進、医療費助成等の必要な施策を講ずるよう努める。第四に、国は、集団予防接種等の際の注射器の連続使用によるＢ型肝炎ウイルスへの感染被害の真相究明及び検証を第三者機関において行うとともに、再発防止策の実施に最善の努力を行う。第五に、国は、合意の第三と第四の施策の検討にあたり、原告の意見が肝炎推進対策協議会等に適切に付されるよう、原告団・弁護団と協議・調整する場を設けることである(6)。その後、２０１２年に基本合意に基づいた「特定Ｂ型肝炎ウイルス感染者給付金等の支給に関する特別措置法」が施行された。

厚生労働省によると、１９４８年から１９８８年までの間に受けた集団予防接種等の際に、注射器の連続使用が原因でＢ型肝炎ウイルスに感染した人数は、最大で40万人以上である(7)。このうち国との和解数は、２０２０年現在５万１７７９人である(8)。

戦後から行われていた強制集団予防接種は、多くの人々を一つの場所に集め接種をするために接種の効率化（時間と費用）と接種率の向上をもたらし、感染症からの社会的防衛という点で効果的な方法であったが、効率性は、接種集団に対して注射器を交換せずに使用するという誤った方法の上に成り立っていたのである。

（４）第四の市民運動（ＨＰＶ全国集団訴訟禍）

ＨＰＶ（子宮頸がん）ワクチンは、２０１３年に国が定期接種化を目指し、新規に導入したワクチンであった。子宮頸がんは年間約１万人が罹患し、約２９００人が死亡しており、患者数・死亡者数とも近年増加傾向にある。特に、20～40歳代での罹患の増加が著しいものとなっている。子宮頸がんの95％以上は、ヒトパピローマウイルス（ＨＰＶ）というウイルスの感染が原因である。ＨＰＶワクチンの標準的な接種時期は、中学１年生の間に、初回の接種を受け、１～２ヵ月の間隔をおいて２回接種を行った後、初回の接種から６ヵ月の間隔をおいてもう１回の接種を行う。したがって、副反応が発生した場合、その被害者の多くは、12～16歳の時に接種を受けた人々である。

ＨＰＶワクチン接種後に、発熱、接種した箇所の痛み・腫れ、また注射による痛み・恐怖・興奮などによる精神的影響による副反応が発生するケースが相次いで起こった。厚生労働省によると、２０１０年11月から２０１７年8月末までの副反応の疑いのある報告は、３１３０人で、10万人中92・１人の割合であった。そのうち医師や製薬会社が重篤と判断した報告数は、１７８４人で10万人のうち52・５人であった（厚生労働省 2018：15）。この報告数は、ＨＰＶワクチンの予防接種で想定される10万人1程度の副反応の頻度よりも非常に高い数値である(9)。

健康被害者は、２０１３年3月に全国子宮頸がんワクチン被害者連絡会を発足し、被害者のネットワークの形成、国に対して被害者の救済要望（治療法の確立と診療体制等）、そして国と外資系製薬会社に対して、ワクチン接種と副反応の因果関係の解明を働きかけた。２０１５年3月、同被害者連絡会は、国と外資系製薬会社（メルク社、グラクソ・スミスクライン社）に対して、責任の明確化、被害回復の支援、真相究明と再発防止を柱とした「全面解決要望書」を提出した。その後２０１６年7月、同健康被害者は、国と外資系製薬企業2社を被告とする損害賠償請求訴訟を、東京・名古屋・大阪・福岡の各地方裁判所に一斉に提訴した。これは、ＨＰＶワクチン薬害訴訟と呼ばれ、その後の三次提訴までの原告の合計数は、１３２名（訴訟離脱者を除く、被害者の年齢は、17～24歳）である。

第四の市民運動であるＨＰＶワクチン禍は、２０２１年7月現在も一審において審理が継続中であるため本稿において更なる考察は控えるが、多数の健康被害が発生し、司法の判断に委ねる構図は、第一の市民運動である昭和の集団予防接種禍、第二の市民運動である昭和のＭＭＲ禍、第三の市民運動である平成のＢ型肝炎禍と同じ状況である。その原因は、国が予防接種を国民に推奨しているにもかかわらず、副反応が発生した際に、過失を認めて、迅速な救済と因果関係の追求をせず、恒久対策を行わなかったという点で共通している。そのため四つの市民運動は、国や製薬会社の責任を司法の場で追及するという手段に訴えた。このような手段は、予防接種施策に影響を与える点で有効であるが、その一方で、裁判は長期化（最高裁判決まで10～20年）する傾向のため、被害者の負担は大重いものとなっている。

3. 予防接種施策の変遷

（1）個別接種制度の導入

前章においては、予防接種ワクチン被害による四つの市民運動を考察した。これらの市民運動が予防接種施策に与えた影響は大きい。そこで本章においては、特に影響の大きかった第一の市民運動の結果としての予防接種施策の転換（副反応回避）と、その後、再び施策が感染症罹患回避に転換した要因について分析をする。

第一の市民運動である集団予防接種禍の裁判の判決を受けて、国は、予防接種施策の大幅な見直しをせざるを得ない状況となり、１９９４年の予防接種法改正により、予防接種を義務規定（未接種の罰則規定廃止）から努力義務規定（勧奨接種）に緩和せざるを得ない状況となった。これによって、学校などで行われてきた集団接種から個人が接種の効用と副反応を理解して行う問診を伴う個別接種へと転換した。

また、不充分とされていた健康被害者救済制度の充実化がなされた。例えば、定期接種で健康被害を受けた被害者に対して、障害年金が増額支給されることになった。その他に医療費、医療手当、死亡時の補償なども充実した。このような給付額の増加は、東京集団予防接種禍の二審の判決で言い渡された賠償金額が、それまでの救済制度の金額を大きく超えるものであったためである（手塚 2010：256）。

この結果、予防接種施策は、１９９４年の予防接種法改正により、予防接種の集団社会防衛的に偏重した施策から個人の接種の選択権利（個別接種）を重視した政策へと転換した。したがって、予防接種の際に発生する副反応をできるだけ回避する施策であると言える。

しかし、この政策転換が、社会（感染症罹患）と個人（副反応事象）のバランスをどのようにとるのかという問題を解決したわけではなかった。この問題には、予防接種率の低下、接種率の地域格差、ワクチン・ギャップ（次節で考察）などの懸念が内在していたため、再び感染症罹患回避の施策へと転換していくのである。

（2）感染症罹患回避施策への転換

2011年にB型肝炎訴訟の基本合意がなされると、集団予防接種禍訴訟は、一旦は結審した。当時、内外の産業界と医療従事者、研究者からは、予防接種施策転換の主柱であるワクチン・ギャップ論を言説化し、ギャップの解消を目指すべく予防接種施策の転換を推し進めていた。ワクチン・ギャップ論とは、国内で導入されているワクチンの種類（または一部のワクチンの接種率）が、先進国の事例と比較して限定されているため、日本を「ワクチン後進国である」と当時の予防接種施策を批判し、ワクチンの認定数や接種率における差異を解消するために予防接種施策の転換をうながした言説である。

2009年の民主党政権において、12月に厚生科学審議会感染症予防接種部会が設置された。この部会の設置の目的は、新型インフルエンザの発生を契機とした予防接種施策の見直しであった。同部会は、2012年5月に予防接種制度の見直しについての第二次提言を行った。予防接種制度見直しの目的の一つにワクチン・ギャップへの対応があげられた。

この第二次提言を踏まえて、予防接種施策はワクチン・ギャップの解消を目的として、感染症罹患を回避する施策へと転換することになる。その最初の転換は、2013年の予防接種法改正であり、その後、2014年に予防

表２　四つの市民運動と予防接種施策の変遷　　筆者作成

1970年6月	予防接種事故防止推進会を結成。初会合には全国から約40の被害者家族が集まる
1973年6月	第一の市民運動：東京予防接種禍集団訴訟第一次提訴、26家族
1973年12月	東京予防接種禍集団訴訟第二次提訴、25家族
1974年12月	東京予防接種禍集団訴訟第三次提訴、7家族
1975年7月	大阪予防接種禍集団訴訟、30家族
1975年9月	東京予防接種禍集団訴訟第四次提訴、3家族
1976年3月	名古屋予防接種禍集団訴訟
1976年6月	予防接種法改正。国が予防接種被害者救済制度を創設
1979年1月	九州予防接種禍集団訴訟
1983年1月	東京予防接種禍集団訴訟第五次提訴、2家族
1980年5月	WHO天然痘撲滅宣言
1984年5月	東京予防接種禍集団訴訟一審判決
1987年	WHOが肝炎ウィルス感染防止のため予防接種時に被接種者ごとに注射針・筒を交換するように勧告
1988年1月	厚生省通達（予防接種時に被接種者ごとに注射針・筒を交換）
1989年4月	MMRワクチン接種開始
1989年6月	北海道でB型肝炎訴訟提訴
1992年6月	MMRワクチン被害者の会結成
1992年12月	東京予防接種禍集団訴訟二審判決
1993年4月	MMRワクチン接種中止
1993年12月	第二の市民運動：大阪にてMMR禍集団訴訟
1994年10月	予防接種法改正、努力義務に移行
2004年1月	B型肝炎札幌高裁勝訴判決
2005年5月	日本脳炎ワクチン接種の積極的勧奨中止（急性散在性脳脊髄炎発生）
2006年4月	MMR大阪高裁判決
2006年6月	B型肝炎最高裁判決
2008年	第三の市民運動：全国B型肝炎禍集団訴訟（10カ所）
2009年12月	HPV(子宮頸がん）ワクチン接種開始
2011年6月	全国B型肝炎訴訟、国が謝罪、全国原告団と基本合意締結
2013年3月	全国子宮頸がんワクチン被害者連絡会結成
2013年	予防接種法改正（ワクチン・ギャップ解消）
2013年4月	HPVワクチン定期接種開始
2013年6月	HPVワクチン定期接種差し控え
2014年	予防接種基本計画施行
2016年7月	第四の市民運動：HPVワクチン薬害禍集団訴訟、東京・名古屋・大阪・福岡の４地裁で一次訴訟、63人
2016年12月	HPVワクチン薬害禍集団訴訟、第二次提訴、57人
2017年5月	HPVワクチン薬害禍集団訴訟、第三次提訴（名古屋）、6名
2019年7月	HPVワクチン薬害禍集団訴訟、第三次提訴（東京・大阪）、12名

接種基本計画が施行された。予防接種基本計画は、「予防接種・ワクチンで防げる疾病は予防すること」を基本理念とし、当面の目標を、ワクチン・ギャップの解消と接種率の向上に関して必要な措置を行うこととした（厚生労働省 2014）。

しかし、ワクチン・ギャップの解消として、２０１３年４月に定期接種化されたＨＰＶワクチンは、すでに述べたように第四の市民運動が発生し、２ヵ月後の６月に定期接種は中断された。しかし、国は、その後もワクチン・ギャップを埋めるため、四種混合―ジフテリア・百日せき・破傷風・ポリオ（２０１２年11月）、ヒブ（２０１３年４月）、肺炎球菌（２０１３年４月）、水ぼうそう

（２０１４年10月）、Ｂ型肝炎（２０１６年10月）、ロタウイルス（２０２０年10月）などの新規のワクチンの定期接種化を進めている。表2は、四つの市民運動と予防接種施策の変遷を簡潔にまとめたものである。

4．予防接種健康被害者救済の現状

これまでの論考で明らかなように、健康被害者による司法制度への救済の訴えは、繰り返し行われている。これは、一義的には、国が副反応に関して過失責任を認めず、迅速な救済、損失補填、賠償、因果関係の解明を行わなかったために、被害者が救済と補填を求めた結果である。司法が被害者に有利な判決を言い渡しても、被害者の抱えている問題のすべてが解決されるわけではない。そこで本章においては、被害者の視点から、予防接種健康被害制度の課題、被害者の生活の状況について分析をする。

厚生労働省と（公財）予防接種リサーチセンターは、10年に一度、予防接種健康被害者実態調査を行っている。この調査は、２０１８年までに過去3回行われており、厚生労働省または、（公財）予防接種リサーチセンターが健康被害者に調査票を送付し、その回答をもとに集計をするものである。本章においては、過去3回の調査を集計し、健康被害者が直面する問題について考察する。

表3は、過去3回行われた実態調査の主な回答を抜粋しまとめたものである。まず、3回の調査の概要を比較すると、健康被害者の性別は、女性が男性よりやや多い傾向である。また、ピークの年齢別では、１９９８年の30歳代から２０１８年の50歳代となっている。これは、１９７０年代に起こった第一の市民運動である集団予防接種禍の被害者が多いためである。

表３　予防接種健康被害者実態調査の３回の調査のまとめ

	質問項目／調査年度	1999	2008	2018			1999	2008	2018
1	性別				7	地域の福祉サービスを利用しない理由			
	男	47.6%	47.40%	47.30%		自分でやりたい	45.6%	—	45.10%
	女	52.4%	52.60%	52.70%		サービスの情報がない	24.2%	—	22.90%
	年齢ピーク	30歳代	40歳代	50歳代		必要な福祉サービスがない	18.4%	—	19.00%
2	居住				8	地域で力になってもらえる人の存在			
	在宅	73.9%	67.60%	68.50%		いない	36.4%	61%	61.20%
	病院	6.5%	5.10%	3.30%		いる	22.3%	—	33.70%
	施設	19.1%	21.80%	25.30%		今まで必要なかった	29.8%	—	—
	その他	0.5%	5.50%	—	9	将来への不安			
3	介護の続柄					感じている	71.2%	71.10%	65.20%
	母	92.2%	77%	52.20%	10	不安の理由			
	平均年齢	—	63.7歳	—		必要時に施設で受け入れられてもらえるか	—	—	39.90%
	父	61.3%	15.50%	—		介護を理解した介護者の不在	—	—	24.70%
	平均年齢	—	69.7歳	—		介護できる親族の不在	—	—	44.90%
	兄弟	—	—	13.60%	11	介護での不安			
	配偶者	—	—	7.30%		両親とも介護できなくなる	42.1%	34.60%	31.50%
4	介護時間12時間以上	40.5%	29.80%	32.60%	12	家族が介護できなくなった時（在宅者）			
5	入院・入所者が一時帰宅した時の介護者					施設入所	44.0%	39.20%	33.00%
	両親	—	—	68.30%	13	希望する福祉サービス			
	兄弟	—	—	26.80%		親子で入所できるケアつき施設	34.60%	22.30%	16.80%
	一日の介護時間１２時間以上	—	—	50.50%		緊急時に入所できる施設	24.90%	15.30%	20.10%
6	地域の福祉サービスの利用					入所・通所施設の整備	21.50%	19.60%	25.60%
	利用したことがない	58.9%	—	56.00%					

筆者作成(10)。空欄は、調査を実施した年に該当する質問がなかったことを示している。

過去３回の実態調査の結果からさまざまな視点が浮き彫りになるが、実態調査とともに他の情報も加え、接種後の健康被害の発生時からの時間の経過を考慮し、次のような順番で分析を行う。それらは、（１）健康被害が発生した際の予防接種救済制度の認知度、（２）健康被害者認定審査申請書類の準備の煩雑性、（３）健康被害者認定のハードル、（４）健康被害者の日常生活における問題、（５）予防接種死亡一時金の申請、受取りの遅延である。

（１）健康被害が発生した際の予防接種救済制度の認知度

予防接種後に健康被害が発生した場合、予防接種救済制度を知っているかどうかは、健康被害者に大きな影響を与える。２０１８年度の実態調査によると、救済制度の認知時期は約６割が「被害が生じてしばらく時間がたってから」と回答し、約３割が「健康被害が生じた時」と回答している。したがって、国民への予防接種健康被害救済制度の認知が行き届いていない可能性がある。この認知不足は、予防接種による副反応の認知度とも関係すると思われるが、国民の副反応の認知度が、どの程度であるかは、明らかではない。国や予防接種健康被害者の支援や予防接種に関する啓発活動を国から委託されている（公財）予防接種リサーチセンターは、国民に対して予防接種副反応と救済制度に関する周知を一層強化する必要があるだろう(11)。

（2）健康被害者認定審査申請の書類の準備の煩雑性

予防接種後に何らかの症状が発生し、副反応の影響の疑いがある場合、所定の書類を整え、健康被害者認定審査の申請を行う。2018年の実態調査では、約50％が「申請書類をそろえるのが大変」であったと回答している。被害に関する書類の準備は、すべて被害者側の負担であるため、所定の書類を準備する際には、接種をした医師の協力が欠かせない。医師の協力が迅速に得られるか、否かは重要なポイントであるが、調査によると、「医師や行政の冷遇」が申請時の困り事として挙げられている。

医師は、副反応の疑いのある場合、自治体を通して報告するとともに、独立行政法人医薬品医療機器総合機構（以下ＰＭＤＡと略す）のシステムを利用し、報告をする義務がある。副反応疑い報告は、ＰＭＤＡにより一元管理され、その後、厚生労働省と厚生科学審議会予防接種・ワクチン分科会副反応検討部会に報告されるが、健康被害者の認定は、あくまでも被害者当事者による疾病・障害認定審査会　感染症・予防接種審査分科会への申請を基本としているようである。

この点に関して、例えば、ニュージーランドでは、予防接種ワクチンの副反応が通常の治療の範囲内として扱われ、医師が被害者の審査書類の申請に協力するシステムが構築されている（Health Research Board 2019：35）。日本においては、健康被害の申請の際に、医師による被害者への積極的な協力義務を要請する規定はない。

被害者の迅速な救済のために、被害に関する基本的な情報や医師の所見の部分などに関して、副反応疑いの報告システムと被害者の認定審査申請の情報を連動させる必要があると思われる。そのようなプロセスを構築することにより、医師からの協力が得られやすくなるだろう。

（3）健康被害者認定のハードル

副反応による健康被害者は、予防接種健康被害者救済制度を利用するために、市町村の窓口に健康被害認定審査の申請書類を提出する。その書類は、都道府県を経由して、疾病・障害認定審査会、感染症・予防接種審査分科会で審査の対象となる。ここで、２００９年の新型インフルエンザワクチン接種時に、①報告された副反応疑いの総数、②予防接種健康被害の申請者数、③国の健康被害者の認定・否認・保留数を比較検討する。

厚生労働省の医薬品・医療機器等安全性情報によると、２００９年10月19日から２０１０年６月30日までに接種をした新型インフルエンザワクチンによる医療機関からの副反応疑い報告数は、２４３３人であった。そのうち、重篤と認められる報告数は、４１７人で、うち死亡報告数は、１３３人であった（①）。

一方、疾病・障害認定審査会（感染症・予防接種審査分科会新型インフルエンザＡ／Ｈ１Ｎ１予防接種健康被害調査部会）は、２０１１年５月30日から２０２０年６月５日まで11回開催され、予防接種健康被害者から申請のあった事案につき、健康被害者の認定、否認、保留の審査を行った[12]。それによると、申請された総数は、１３８人（②）で、うち70人が認定、57人が否認、そして11人が保留という結果であった（③）。また、否認された57人のうち５人が再審査を請求したが、いずれも否認された。

上記の①〜③を比較検討すると、次のようなことが言えるだろう（表４参照）。①副反応疑い報告で重篤と思われる４１７人のうち、33％の１３８人しか健康被害者の申請（②）を行っていない。さらに、１３８人の申請者のう

表４　①副反応疑い報告、②予防接種健康被害者救済制度による被害者申請数、③予防接種健康被害者認定・否認・保留数の比較

	副反応疑い報告数①	健康被害者による申請数②	認定数③	否認数	保留数
副反応疑い総数	2,433	—	—	—	—
うち重篤者数①	417	138	70	57	11
うち死亡数①	133	少なくとも24	4	20	
申請数②／重篤者数①	—	33%		—	—
認定数③／重篤者数①	—	—	16.7%	—	—
死亡認定③／副反応疑い報告死亡数①	—	—	3%	—	—
認定数③／申請数②	—	—	50%	—	—

厚生労働省の医薬品・医療機器等安全性情報および疾病・障害認定審査会のデータをもとに筆者作成

ち、約半数の70人しか健康被害者に認定されていないという事実が浮かび上がる（③）。したがって、重篤な報告人数①の16・7％しか健康被害者に認定されていないことになる。また、ワクチンによる死亡者に関しては、②の申請された138人のうち4人が認定されたのみで、少なくとも20人が否認されている(13)。したがって、副反応疑い報告①の133人の死亡者のうち3％しか予防接種ワクチンによる死亡者と認定されていないことになる。また、健康被害者申請者のうち約半分しか健康被害者に認定されていない。そして、否認された人が、再審査で認められたケースはない。

このような認定のハードルがどうして生まれるかについての調査はないが、前項で述べた予防接種健康被害者救済制度の認知度、健康被害認定審査申請の書類の準備の煩雑性、医師からの協力の有無、被害者の申請判断、副反応疑い報告の基準などが要因としてあげられえるだろう。

（4）健康被害者の日常生活における問題

健康被害者が抱える問題は、小さい子どもの頃（生後2ヵ月ごろから予防接種が開始される）に予防接種を受けて、重篤な障害による影響が生活全般にわたり一生続くことに起因している。この点に関して、実態調査から以下のようなことが言えるだろう。

居住に関しては、3回の調査で在宅が70％前後と最も多い。この結果は、被害者が在宅で、充実した地域の支援とサービスを受けているという見方もできる。昨今の高齢者・障害者を地域で見守るという流れをみると、地域での支援やサービスが充実し、自宅での生活を選択しているという解釈ができる。しかし、地域の福祉サービスに関する質問項目をみると、半数以上の人々が地域の福祉サービスを利用したことがないと回答し、その理由は、「自分のことは自分でやりたい」、「地域の福祉サービスの情報がない」、「地域に必要な福祉サービスがない」という回答であった。また、次の質問項目の「地域で力になってもらえる人の存在」の有無に関しては、「いない」という回答が60％以上で、1999年の（約36％）よりも大幅に増えている。居住が施設である被害者の割合は、1999年の約19％から2018年には、約25％に増えている。これは、次の項目で検討するが、被害者を介護する保護者の高齢化により、被害者が施設に入所するケースが増えていると思われる。

介護の続柄に関しては、3回の調査で質問内容が異なっているが、特徴は、被害者の母親の負担が大きいことである。1999年の調査で92・2％、2008年には77％であった。これは、いわゆる女性の無償家事労働（シャドウワーク）の典型的な事例と言えるだろう。そして介護者としての保護者の平均年齢が2008年の時点で、父が69・7歳、母が63・7歳である。2018年の調査では年齢に関する質問項目はないが、2008年の平均年齢から約10歳上がったと推定できるだろう。介護者である両親の高齢化のため、2018年の調査では、介護者として兄弟（13・6％）、配偶者（7・3％）が新たな介護の担い手となっている。施設での居住が増加傾向にあるが、入院・入所者が一時帰宅した時の介護者も両親が7割弱を占めている。

さらに、介護時間が12時間以上を超える場合が、1999年の調査で約40％、その後の2回の調査では、約30％を占めている。在宅での介護は、被害者が接種時の子どものころから続いているため、保護者（特に母親）が、人生の大半の時間を被害者の介護に費やしているといっても過言ではないだろう。また、入院・入所者が一時帰宅した時には、12時間以上の介護は約50％である。

将来への不安に関しては、約65～70％の人が不安を感じており、その理由は、主に「介護をできる親族の不在」、「必要時に施設で受け入れてもらえるか」、「介護を理解した介護者の不在」である。

在宅の被害者は、家族が介護できなくなった時には、施設への入所を選択する傾向にある。その際に希望する入所サービスは、「親子で入所できるケア付き施設」、「緊急時に入所できる施設」、「入所・通所施設の整備」などであるが、１９９９年に34・６％であった「親子で入所できるケア付き施設」が２０１８年には、16・８％に減少し、「入所・通所施設の整備」が21・５％（１９９９年）から25・６％（２０１８年）に増加した。「入所・通所施設の整備」が増加している理由は、将来、保護者が介護できなくなった場合、「親子で入所できるケア付き施設」は非常に少なく、現実的な選択として施設に被害者のみを入れることを決断するためだろう。また、両親が亡くなった後、兄弟・親族等がいない被害者をどのように支援するかは、課題である。

（5）予防接種死亡一時金の申請と受取りの遅延

健康被害者が死亡した際には、予防接種法にもとづき、被害者の遺族は、死亡一時金を受け取ることになっている。死亡一時金に関する、調査項目は、過去の実態調査にはないが、この一時金の申請と受取りに相当の時間を要する場合がある。

例えば、冒頭で引用したインフルエンザ予防接種健康被害者Aさん（40代）は、２０１８年10月に突然死亡した。当初、役所は予防接種被害者死亡一時金制度を認識しておらず、遺族からの申請を受け付けず、被害者支援団体が中に入り、遺族は、2019年2月に死亡一時金受取りの申請を行った。実際に、遺族への死亡一時金の支払いがされたのは、約1年半後の2020年9月末である。死亡一時金の受取りに、1年半~2年の時間を要するのは、Aさんの事例だけではないのが実情である。また申請には、過去のカルテなどの多くの書類の提出が必要で、被害者の遺族にとって大きな負担となっている。

以上が実態調査などから浮かび上った予防接種健康被害者の現状であるが、直面している問題は、健康であった子ども(成人の場合もある)が、予防接種という社会防衛システムの犠牲により、突然長期的な困難を生活全般に抱えることで、被害を受けてから死亡するまでの一生の間大きな犠牲が家族全体に及ぶことである。したがって、健康被害者の救済制度のさらなる充実と迅速な運用が強く求められるだろう。

5. 結論と今後の課題

本稿においては、予防接種ワクチンの副反応による健康被害者による四つの市民運動と予防接種施策の変遷を考察し、その後健康被害者の抱える問題を分析した。

国は、健康被害者の迅速な救済を目指しているとしているが、被害者たちは、様々な場面で困難な状況に直面している。それらは、(1)健康被害が発生した際の予防接種救済制度の認知の欠如、(2)健康被害者認定審査申請書類の準備の煩雑性、(3)健康被害者認定のハードル、(4)日常生活における問題点、(5)予防接種死亡一時金の申請、受取りの遅延などで、被害の発生時から一生の間に及んでいる。さらに、裁判の長期化は、被害者に大きな精神的・経済的な負担を強いる。法的な解決までに、集団予防接種禍は約19年(除斥期間の問題で最高裁判決までの一部の被害者は26年)、MMR訴訟禍は約13年、B型肝炎訴訟禍は約22年の長期に渡った。

重村達郎によると、損害賠償訴訟において、国やワクチン製造会社の責任が認められるためには因果関係及び過失があることが要件となるため、被害者側がその有無を立証しなければならず裁判は長期化するという(重村2014:23)。また、根本晋一は、接種をした医師の責任に関しても、当該患者に対して適切な禁忌識別義務を果たしたかどうかを被害者が立証しなければならないことは、著しい負担であるとしている(根本2008:87-88)。近年、医療過誤裁判において、このような被害者(原告)の著しい負担を軽減するため、被告は、過誤は当該結果発生の原因ではないと証明すべき責任を負うとする判例があるが(円谷2010:244)、裁判での被害者の負担は、依然として重いものがある。

このような状況を鑑みると、国は、健康被害者の救済に一層の対策が必要となるだろう。今後の課題として、具体的に次の4点があげられる。第一に、定期接種と目標接種率を維持するために接種回数が増加すれば不可避な副反応被害が増加する。したがって、副反応の可能性と救済制度の周知を徹底する必要がある。健康被害者実態調査で明らかなように、救済制度の認知度は大変低い。そこには健康被害に関する情報提供の方法によっては、接種率に大きく影響するかもしれないというディレンマが存在する。

第二に、副反応をできるだけ回避するために、不必要なワクチンを打たないか、一人ひとりにカスタマイズされた予防接種ワクチン(接種量・濃度等)を提供することである。ワクチンを本当に必要な人が必要な時に、必要な程度のみを受けることができるようになれば、重篤な副反応を減少させることができるだろう。現在の予防接種ワクチンの問題は、個人差を全く考慮せずに、一律に同じ量をすべての人に接種していることである。また、医師による接種ミスを防止するために、将来ICTの活用により接種のプロセスを部分的に自動化する必要があるだろう。

第三に、副反応が発生した際に、健康被害の申請の負担を軽減し、医師による申請協力を義務化し、できるだけ迅速に幅広く救済（認定）をすることである。また、厚生労働省から被害者相談支援等を委託されている（公財）予防接種リサーチセンターは、個人情報保護法の制約により、すべての健康被害者を把握できていない状況にある。厚生労働省は、健康被害者から許諾を得て、（公財）予防接種リサーチセンターに情報を提供するべきである。

最後に、厚生科学審議会予防接種・ワクチン分科会、予防接種・基本方針部会、副反応検討部会などに健康被害者が委員として参加できるようにすることである。被害者は、参考人などとして参加が許されるのみで会議の正式な委員にはなっておらず、議事に関して賛否の発言はできないため被害者の意見が政策に反映されにくい状況である。

おわりに

2021年7月現在、世界を震撼させているCOVID－19（新型コロナ感染症）は、世界中で多くの人々の命と生活を奪い、人間は、感染症の猛威の中で、できるだけ行動を抑制することを強いられている。そのような状況の中で、ワクチンの開発と接種が急速に進み、パンデミック克服の切り札としてワクチン期待論が高まるのは当然のことであろう。世界がワクチン期待論の渦中にある中で、ワクチンによる副反応の危険性を喚起することは、世論の期待感に反する指摘と捉えられるかもしれない。しかし、そのような空気は、ワクチンの安全性を過信し、副反応の可能性を過小評価する傾向を生むだろう。日本においても、医療従事者、高齢者を対象にワクチンの集団接種が進行し、今後、子どもや一般の人々に集団接種が拡大する予定であるが、その際に、副反応の程度によっては、見過ごされてしまう可能性もあるだろう。また、各地で多発している接種ミスは、重篤な副反応を誘発する危険性がある(14)。

今後、集団免疫獲得のために接種割合を引き上げようとする（社会全体の防衛）ために多少の副反応による犠牲は、重大ではないという全体主義的な風潮も生まれやすい状況になるかもしれない。それは、集団免疫を獲得するためには、人口の一定の割合以上の人々にワクチンを接種する必要があるためである。

国は、ＣＯＶＩＤ−19（新型コロナ感染症）ワクチン健康被害者による第五の市民運動を発生させないため、接種時の人的ミスの回避策と「国が大規模な接種を要請するならば、副反応が疑われるケースも含めて幅広く、素早く救済する」(15)ようなシステムを早急に構築することが求められているのではないだろうか。また、予防接種ワクチンによる副反応の危険性が高い禁忌者（アレルギー疾患保有者、妊婦など）や、さまざまな事情により、ワクチンを接種できない・したくないという人々も多く存在している。そのような人々のワクチンを受けない権利への配慮がなされなければ、ワクチン接種をめぐる差別、社会的圧力による社会的分断が生まれるだろう。

〔のぐら　ともやす〕

参考文献

- 厚生労働省（2010）医薬品・医療機器等安全性情報 No273、平成21年シーズンの新型インフルエンザ予防接種後副反応のまとめについて、https://www.mhlw.go.jp/www1/kinkyu/iyaku_j/iyaku_j/anzenseijyouhou.html（閲覧：２０２１年６月５日）。
- 厚生労働省(2014) 予防接種に関する基本計画、https://www.mhlw.go.jp/web/t_doc?dataId=00008940&dataType=(&pageNo=1（閲覧：２０２１年１月17日）。
- 厚生労働省（2018）予防接種法の一部を改正する法律（平成25年法律第8号）の施行状況等について資料4、https://www.mhlw.

go.jp/content/10601000/000376449.pdf（閲覧：２０２１年1月17日）。

- Health Research Board, Dublin (2019) Vaccine injury redress programmes. An evidence review. https://www.hrb.ie/fileadmin/2._Plugin_related_files/Publications/2019_Publication_files/2019_HIE/Evidence_Centre/Vaccine_injury_redress_programmes_Final_report.pdf（閲覧：２０２１年1月20日）。
- 根本晋一（2008）国の行為に起因する国民の健康被害制度の研究—予防接種禍事故をめぐる損害賠償と損失補填の間隙に関する諸問題、日本大学歯科部紀要36、85−94
- 重村達郎（2014）予防接種をめぐる健康被害と救済制度、『都市問題』、20−24
- 手塚洋輔（2010）『戦後行政の構造とディレンマ　予防接種行政の変遷』、藤原書店
- 円谷峻（2010）重大な医療過誤と因果関係の証明、明治大学法科大学院論集 7: 223-248
- 吉原賢二（1975）『私憤から公憤へ—社会問題としてのワクチン禍』、岩波新書

注

（1）厚生労働省検疫所ホームページより。この数字には、COVID-19（新型コロナ感染症）ワクチンの効用は含まれていない。https://www.forth.go.jp/topics/2018/04241146.html（閲覧：２０２１年1月15日）。

（2）例えば、ワクチンの保存剤として使われてきたチメロサール（抗菌作用のある水銀化合物）は、副反応を誘発する危険性からワクチンからの除去、あるいは減量が進められている。

（3）人間の免疫とワクチンの関係性における具体的な副反応の科学的根拠は明らかでなく、副反応の可否は、東京大学教授白木博次博士が、予防接種集団訴訟で、因果関係を立証するための、いわゆる「白木四原則」などをベースとして判断している。白木四原則とは、①ワクチンと予防接種事故とが、時間的にも身体の部分上も密接している。②他に原因となるようなことが考えられない。③副作用の程度が他の原因不明のものによるものよりも質の上でも量の上でも非常に多い。④事故発生の状況が、すでにわかっている科学的な事実と比べてみたときに納得できるだけの説明ができるかである。

（4）厚生労働省ホームページより。https://www.mhlw.go.jp/topics/bcg/other/6.html（閲覧：２０２１年1月15日）。

（5）朝日新聞は、天然痘の予防接種後に起こる脳炎で、毎年十人前後の子どもが死亡もしくは重度の障害に苦しんでいるが、国は予防接種との因果関係を否定し続けていると報道した。読売新聞は、東京都の高田正明君が種痘接種後以来7年間、意識不明のて

んかん発作に苦しんでいる状況を悲惨な現実と伝えた。

（6）全国B型肝炎訴訟弁護団ホームページより。https://bkan.jp/get.html

（7）厚生労働省ホームページより。https://www.mhlw.go.jp/stf/seisakunitsuite/bunya/kenkou_iryou/kenkou/b-kanen/index.html（閲覧：２０２１年1月16日）。

（8）法務省、B型肝炎訴訟ページより。http://www.moj.go.jp/shoumu/shoumukouhou/shoumu01_00032.html（閲覧：２０２１年1月16日）。

（9）ＨＰＶワクチンの副反応による被害発生以前は、厚生労働省は、ワクチン毎の副反応による被害の数値化された割合を正式に公表していない。

（10）平成30年度の調査は、厚生労働省ホームページより。https://www.mhlw.go.jp/content/ 10906000/000547302.pdf。その他は、（公財）予防接種リサーチセンターからの情報による。調査対象者は、障害養育年金または障害年金を受給している被害者である。回答率に関しては、１９９９年は、91･6％（対象者４１９人）、２００８年は、76％（対象者４５５人）、２０１８年は、61･2％、（対象者２７３人）であった。２０１８年度の対象者数は、全体で４４６人、回答率75・6％であったが、厚生労働省は、作業の都合上3月11日までの回答分としたため、対象者数と回答率は過去2回の調査と比較して低下した。

（11）（公財）予防接種リサーチセンターの目的は、安全で有効な予防接種を推進するための調査研究、健康被害に関する因果関係の調査研究、健康被害に係る保健福祉事業、予防接種の適正な実施のための啓発・普及に関する事業を行うことである。

（12）厚生労働省、疾病・障害認定審査会（感染症・予防接種審査分科会新型インフルエンザ（A/H1N1）予防接種健康被害調査部会）、https://www.mhlw.go.jp/stf/shingi/shingi-shippei_127699.html

（13）上記（12）の審査結果の否認資料の一部に給付内容が記載されていないものがあり、その分については不明である。記載されたもののうち死亡者と関連する給付は、合計20人である。また、死亡者の申請数は、資料では明らかではないが、少なくても認定数と否認数を足した人数（20人）以上であると推定される。

（14）メディアの報道によると、群馬県が設置する新型コロナのワクチン接種センターで、1日で同じ人に2回接種していた（https://www3.nhk.or.jp/news/html/20210606/k10013070911000.html）。また、兵庫県の尼崎市は、1日に高齢者施設で行った新型コロナワクチンの先行接種で、施設の職員ら6人に対しワクチンを希釈せずに原液のまま、通常の5倍の濃度で打った（https://www3.nhk.or.jp/news/html/20210606/k10013070911000.html）などが報告されている（いずれも２０２１年6月上旬に発生。閲覧：２０２１年7月15日）。この他にも同じ人に3回接種、注射針の未交換、紛失、生理食塩水の注射、不適切な保管状態のワクチン接種などの重大な接種ミスが相次いでいる。

(15) 2021年2月27日読売新聞朝刊、コロナワクチン接種「過去の副反応被害」不安、天然痘被害者家族「救済広く素早く」野口友康のコメントより抜粋。

参考情報

- NPO法人予防接種被害者をささえる会による新型コロナワクチン接種に関する要望書 https://sites.google.com/view/npoyobou/

新型コロナウィルス感染症パンデミックと日本学術会議問題から考える

木村武史

1．はじめに

２０１９年12月には既に始まり、２０２０年になって世界中に広まり、収束の兆しがまだ見えない新型コロナウィルス感染症（病名ＣＯＶＩＤ−19、ウイルス名はＳＡＲＳ−ＣｏＶ−2、以下コロナ禍と略す）と「日本学術会議任命拒否」問題のどこに関連があるのであろうか。両者は全く異なる原因と理由から生じた事例であり、単に同時期に表面化したということだけで、両者を無理やり結びつけることに違和感を感じる読者も多いと思われる。というのも２０２０年に起きた問題の中で、コロナ禍と関係が近い問題としては、新型コロナ感染症が人間による自然の開発の結果であるとしたら、２０２０年の世界の平均気温は約14・9度で、２０１６年と並び観測史上最高温度であったこと、２０２０年2月には南極で過去最高となる気温18・4度が観測されたこと、オーストラリア、米国西海岸で山火事が起きたこと、イナゴの大群がアフリカの角を覆ったこと、インド北部で氷河が崩壊し、川の氾濫が起き、

32名が死亡したことなど、様々な地球環境問題関連の出来事が思いつく。他方、「日本学術会議任命拒否」問題と関係が近い問題としては、東京大学と筑波大学の学長選考問題、筑波大学の軍事研究容認、日本の軍事技術の輸出等、高等教育を巡る問題を挙げることができる。

それゆえ単に同じ年に起きた出来事という以上の関連がなければ、コロナ禍と日本学術会議任命拒否問題を関連づけて論ずることは、それほど意味はないであろう。あえて両者を同時に取り上げるならば、そうすることによって見えてくる何らかの新しい論点が明らかになるということがなければ、あまり意味はない。本稿は、コロナ禍と日本学術会議任命拒否問題を同時に扱うようにという編集の意向に沿って試みるものであり、以下に綴るのは、調査や根拠に基づいた論考というよりも、筆者の単なる考えるところを書いたエッセイである。それゆえ、別の見解を支持する事実や資料が提示されるならば、その点は修正、変更を行う余地のあるエッセイであると述べておきたい。また、このエッセイは学術的な論考からはほど遠い、私的な見解にしか過ぎないということは予め述べておきたい。

2. 新型コロナ感染症と日本学術会議問題について

新型コロナウィルス感染症は、現在のメディア等の情報によると、最初に中国雲南省の洞窟のコウモリから発見された動物由来の病原菌として人間に感染し、最新のＷＨＯの調査によると、２０１９年12月には武漢で多くの患者がいたと思われている（日本ＷＨＯ協会「ＣＯＶＩＤ–19ウイルスの起源に関するＷＨＯ調査報告書」）。そして武漢はロックダウンされたが、やがてグローバルな海運・航空ネットワークを通じて世界中に伝播し、日本にも伝わってきた。全世界での感染者数は2021年3月24日現在、1億2425万人、死者数273万人である。国内の一部の感染症研究者がウィルスの変異の回数は限られているので2020年内には収まるというようなことも言っていたが、現在、主に英国、南アフリカ、ブラジルで出現した変異株が勢いを増して広がっている。第二世代の変異株の出現についてもニュースで触れられるようになっている。ワクチンについては既に知られている通り、米国のファイザー、モデルナ、J&J、英国のアストラゼネカ・オックスフォード大学、ロシアのガマレヤ研究所、ドイツのビオンテック、中国のシノファーム、シノパック、カシンノ、インドのバーラト・バイオテックが、新型コロナウィルスのワクチンを開発している。

グローバルな感染症については、日本国内では政府も社会も予測していなかったので準備できていなかったという識者もいるが、今回の新型コロナ感染症のパンデミックで2011年の『コンテイジョン』という映画が話題になったように、グローバル経済による人の高速移動に伴い新型のウイルスによるグローバルな感染症の可能性については既に指摘されていた。2019年8月に発売されたブライアン・ウォルシュの著作End Times: A Brief Guide to the End of the World で挙げられている幾つかのシナリオのうちには病気、感染症が挙げられている。更にそれから4年遡ること2015年頃にはビル・ゲイツが今後世界が直面する問題のうち死者数を最も多く出すのは戦争ではなく、感染症、病気であると警告していたことも（The Wall Street Journal, "Bill Gates Has Regrets," 2020年5月11日）、今回のコロナ禍で知られることとなった。もし日本政府が公共衛生の観点から新型のウイルスによるパンデミックを予想していなかったとするならば、それは2011年の東日本大震災の際の津波による原発の浸水と破壊、電源喪失の可能性が指摘されていたにもかかわらず、経済的な利益を優先したために予防原則に基づいた科学的提言に沿った政策と東京電力への指導を行わなかったのと同じく、知的想像力の欠如を示しているに過ぎないのではないだろうか。

さて、コロナ禍での対策で記憶されるべきことは多々あるが、アベノマスクと２０２１年2月5日の菅総理による「最終的には生活保護」発言は、政府が一般国民をどのように見ているか、コロナ禍で経済的に困難な状況にある人々の経済的な支援には消極的であることをよく示している事例であったといえる。それは同時に、コロナ禍で経済的に困窮している人々の状況を想像し、共感する能力の欠如を示していたともいえる。

他方、学術会議が推薦した人文社会科学系研究者の任命拒否問題は、２０２１年3月段階で解決されるような見込みはまだない（4月には、任命されなかった6人のうち5人が連携会員、特任連携会員として活動に参加することになった）。決定的な証拠はないが、憶測されている理由は、数年前の国内の政治事案である安保法制に対する反対、学術会議による軍事研究反対がその背景にあるとされている。既に多くの国内学会が声明を発表し、多くの識者が様々な意見を表明し、日本学術会議も改革の方向性を出しつつあるので、筆者のような浅学な者が何かを付け加えることは出来ない。特に佐藤・上野・内田による著作は、出版時の２０２０年末時点でほぼ出そろった論点を網羅しており、そこに何か新たに付け加えることはない。ただ興味深いのは、この件については経済界は、管見の限りでは、首相はまだ十分説明をしていない、あるいは日本学術会議も政府も説明を十分にしていないということは言っているが、政府に任命をするようにとは言っていないのではないかと思われる点である。そして、与党自民党は問題をすり替え、日本学術会議の新会員推薦制度や学術会議の活動のあり方に注文を付け加え、それに対して日本学術会議側がより正確な情報の発信を社会に対して行うようになった等、若干の展開があったが、問題が解決される見通しはない。

さて、多くの研究者が日本学術会議が推薦した研究者を政府が任命しなかったのは現憲法に照らして違憲であると指摘している点については賛同するが、同時に憲法改正を目指し、憲法の解釈を恣意的に変更してきた前安倍政権の路線を継承している現菅政権には、現憲法を遵守すべきであるという正論はそれほど説得性を持つとは思えない。特に、2021年4月からは、第6期科学技術イノベーション基本計画が始まっている。また、問題を政府の対応にのみ焦点を当てても、そのような対応を批判することなく支持している経済界に目を向けることなくしては、なぜこの問題が解決されないのかも十分には明らかにはならないのではないかと思われる。つまり従来の日本学術会議の立場が政府の政策と一致しないだけではなく、経済界の利益にもなる政策を進めようとする政府に同調しない日本学術会議の在り方を変更させることによって、誰がどのような利益を得ることができるのかについても考える必要がある。

さて、日本学術会議の任命問題に関して、ネット上や世間からは若干冷ややかな反応が見られたことも確かである。この点について考えられる点が幾つかある。一つには、いわゆるアカデミズムの中には専任の職に就けず、任期付きや非常勤のポストの不安定な身分しか得られずに苦労している若手や中堅の研究者が数多くいるなかで、日本学術会議に関わる専任職にある研究者がいう学問の自由に「特権的」な匂いが感じられ、果たしてこれらの身分不安定な立場に置かれている研究者の学問の自由は念頭に置かれているのか、という点である。昨今では在野研究という形で研究を選択せざるを得ないと考えている若手研究者も出てきているが、おそらくアカデミズムの埒外に置かれていると見なされているのではないかと思われる。第二には、過去20年間に社会格差が広がり、かつて日本社会の発展を担ってきた中間層が消滅しつつあるという社会状況である（橋本健二、『新・日本の階級社会』、2018年、『中流崩壊』2020年）。この社会格差の広がりと中間層の消滅は別の社会層に経済的利益が移動した結果であり、利益を得ているのはグローバル競争で負けつつある国内の経済界であるともいえる。そして、学術関係者は認めないと思うが、大学関係者は社会的には経済界と近い立場にあると見なされている、つまり社会のエスタブリッシュメントの一部であると見なされているのではないかと思われる。第三に、多くの学会の声明や研究者の論理が政府の決定を変えさせるほどの社会的力、あるいは政治的な力を示していないのはなぜなのか、という問題がある。政治からの自立性を強調し、「真理」のための学問という主張をすればするほど、現在の日本社会における政治、経済界ではその重要性が受け入れられにくいという問題があるように思われる。それは一つには、経済界の一部に、今日の大学教育は学生を直ぐにビジネスの世界で活躍できるように教育をできていないという見当違いの一部の意見があたかも正論であるかのように受け止めているということがある。そして、もう一つには、それと関連して直ぐに実用的で経済的な成果を生み出すように高等教育を変えていこうとする思惑があると思われる。

　このように臆見で物事を書いているわけであるが、必ずしもこのような状況をよしとするために、その背景について推測をしているのではない。むしろここ20年ほどの社会を改変しようとする政治・経済の動きが日本社会を必ずしも良い方向へと進めてはいないと思われる。そのような方向性の現れが今回の日本学術会議問題でもあるという風に見なすことができるのではないかといえる。現在の日本では、政治や経済も、高齢男性がいまだ支配し、そのため若者世代の幸福感が世界的にも低い水準にある。二極化した社会の中で何とか正規社員の身分を確保し続けようとせざるを得ない若者に対して、若者には貧乏になる自由があるなどという発言がなされても、政治からも経済界からも批判の声が上がらない現在の日本社会の精神の貧困状態が、ここ20年ほどの日本政治が進めてきた社会変革の帰結の一つであるといえる。そして、それがコロナ禍でも生活保護があるという菅首相の発言と同じ類のものである、ということは言うまでもないであろう。

　このような流れで考えてみると、ここ20年ほどの間に密かに進んできているのは（あるいは元々そうであったのかもしれないが）、科学・技術、そして学問や教育は政治や経済にとっては一つの道具にしか過ぎないという政治・経済側からの見解の広がりであろう。コロナ禍における感染症専門家の提言の扱い方を見ればよく分かる。そして、この点はここ数年の間に起きている高等教育に対する経済界の意向の浸透を見れば、どのような方向に向けようとしているのかが良く分かる。このような方向性に諸手を挙げて賛成したくなるのは、その実情はともかく意図としては技術開発を通じて社会に貢献したいという工学系、応用系の自然科学の分野である。研究予算を餌に大学に軍事研究を広めようとする流れ、特に工学系・応用自然科学系の研究者を引き込もうとする流れも、単に高等教育における研究の方向性をコントロールしようとする政治上の意図だけではなく、経済界の思惑も隠されているのは分かる。残念ながら、工学系・応用自然科学系の研究者には人文社会科学の素養が欠けている場合が多いので、特に問題を深く考えずに自分の研究ができれば研究者としての責任は果たせると考えるのも不思議ではない。むしろ工学系・応用自然科学系の研究者には人文社会科学的な見方を欠いている方が、都合が良いともいえる。このような流れを見れば、数年前の文系学問不要論を広めたいという意図と、それに乗る形で高等教育の改革を進めようとしている流れも分かる。デジタル・トランスフォーメーションもその一環であろう。また、人文・社会科学系の学問の性質と意義についても、従来のように人文・社会科学の研究に従事している研究者自身が考える観点（その多くは一八世紀から二〇世紀初頭にかけて西欧で成立した学問の基盤を継承する人文学・社会科学の伝統）を尊重するのではなく、自然科学・科学技術のための人文・社会科学系の研究の意義を強調する流れが生まれてきていることも分かる。それは現在の世界情勢や地球規模課題が非常に複雑化してきており、それに対して取り組むことが非常に重要な課題となっているからだけではなく、教育の観点からも重要であるということは十分に理解できる。だが、現在から未来への問題へ対処できる人材を育成するには、知的伝統との確固たる繋がりを持っている人間でなければ難しいということを忘れることはできないであろう。

3. 人文社会科学系学問と科学

さて、本稿はただ現状の一つの解釈を提示し、是認するためだけに書いているのではない。以下の五点を加えて、さらに考えてみたい。

THEの世界大学ランキングにおける日本の大学の順位については以前ほど注目を浴びなくなってきているが、上位10校の顔ぶれはあまり変わらない。国内の大学人の中には、世界大学ランキングの指標自体が欧米の大学に有利に働くようになっているのだから、そのようなランキングに一喜一憂する必要はないという意見を表明する人もいる。そのような声を反映してか、日本版大学ランキングという国内でしか通用しないランキングも作られている。筆者の印象にしか過ぎないが、世界大学ランキングの上位にくる大学には起源の古さとその基盤の故に、いわゆる文系、中でも神学部が充実している大学が多い。オックスフォード大学やハーバード大学などは自然科学、工学、医学のみならず文系が極めて充実し、そのレベルは世界のトップレベルにある。日本の国内で言われているのとは反対に、世界のトップレベルの大学ほど文系が充実しており、そのことがまさに大学ランキングのトップに位置していることの証でもある。ここでは学部レベルでのリベラルアーツについていう必要はないであろう。そして、これらの世界トップレベルの大学で文系不要論が出てくるのかといえば、出てはこないであろう。ただし、欧米でも人文系学問への圧迫は強くなっていることは否定できない。そして、菅首相が人文社会科学系の研究者の任命を、各々の研究内容についても知らずに、任命を拒否したのも、グローバルな高等教育についての知識の欠如と関心の無さを示している。

これとの関連で次に考えられるのが、日本における「大学」の意味の変化である。それが日本だけではなく、グローバルな変化の一環であり、その大きな変化の波に晒されて日本における大学の社会における役割と機能が変化しつつある、という点である。このように社会における大学の意味がグローバルに変化しつつある中で新型コロナ感染症が世界に広がり、高等教育と研究のオンライン化やデジタルトランスフォーメーションが急速に進みそうな気配がする。日本学術会議問題に関連していえば、日本学術会議が視野に入れているグローバルな動向やその中での日本の学術界の役割ということについて、果たして政府や一般社会がどの程度理解しているのかどうか、という点が疑問として挙げられる。政府は日本社会における日本学術会議という位置づけをしようとしているのに対して、関係する研究者たちはグローバル社会における学問の役割という観点で活動している。高度に専門化している諸学問分野の国際的な専門家同士の議論の内容を、果たして普通の政治家や一般の人が理解できるというのであろうか。

さて、ここに関係してくるのが、第三の問題である公共あるいは公という概念である。それにはグローバルな意味での公共という意味と、一つの国単位での公共という意味がある。最近しばしば耳にするのが、国から資金が出されているのだから、国の政策に従うべきであるという意見を耳にする。しかし、大きな誤解は、国の資金はすべて多様な意見、多様な立場にある国民や様々な規模の企業の経済活動からの税金が元手である。ところが一度、国に税金が入れば、その使用方法や目的は政府や経済界の意向を優先に決められてよいという政治的な公の観念があるかのように思われる。選挙で選ばれた政治家が決めるのは当たり前であるという風に単純に考えている意見もネットには見られるが、政治家が様々な経済団体の利益を代表しているというのは良く知られた話である。それゆえコロナ禍で政府が大企業への支援を早い時期に行ったのにも関わらず、政治的な影響力のない個人（特に立場の弱い女性）、中小企業等への支援は後回しか、かなり時間と手続きの掛かる形を取ることになった。２０２０年にコロナ禍で自殺した女性の数の多さが海外のメディアの注目を浴びるほど、現在の日本社会の異質性が際立っているといえる。それは欧米の社会からしたらあり得ない状況であり、もし日本が欧米と同様の先進国の一部であるとしたら、何か異質な要素があるのではないかと考えてしまう。しかし、日本はもはや先進国ではないとしたら、それほどは違和感は感じないのではないだろうか。日本の経済規模は世界第3位とされるが、２０１９年の世界平均年収ランキングで、日本は24位である。国内の富の再分配に失敗しているのではないであろうか。そして、日本がジェンダーギャップ指数で１５３国中１２１位であるとしても、先進国ではなく、それとは別の社会を、別の言い方をするならば、近代的な理念を掲げる先進国とは異なる国家像を目指しており、そして、経済界の一部としてのメディアもそれを支持しているとしたら、色々と不可解なことも理解できるように思われる。

そして、特に国内における公共の観念が、ここ20年ほどの間に変質させられてきていることは、多くの識者が指摘してきているところである。例えば、アメリカなどで民主主義的な議論をする空間という意味での公共という使い方があるが、それよりも、日本社会では復古的な意味での公に近い意味合いで用いようとする動きがある。上位下達の公においては、政府と経済界の意向とその利益を反映させる色合いが濃くなりつつある。だが、学問は政治的な公のためではなく、公共のためであるということは、学問が、国、民族、宗教、政治に関係なく、すべてのグローバルな市民に開かれていることからも分かるはずである。しかしながら、どうもそのようには捉えていない層がいることも確かである。

第四に、新型コロナ感染症に関連した科学的な情報についていえば、科学者が出す科学的な知見と知識よりも、政府（国から都道府県市町村レベルまで）が取捨選択し発表した情報をあたかも科学的な情報であるとメディアが流布している点については、若干、懸念が残る。それはおそらくメディア関係者のほとんどが人文社会科学系の出身者であるがゆえに、自然科学系の先端的な研究動向には関心があまりないか、理解できないからかも知れない。あるいは、自ら海外のメディアの情報収集を怠っているからかもしれないし、能力的にできないからかもしれない。だが、新型コロナ感染症に関する新しい科学的知見は日々更新しており、海外での報道の数週間後に日本の専門家の意見として同じ内容を、あたかも新しい情報のように伝えているメディアを見るにつけ、大丈夫なのであろうかと心配になってしまう。今後の動向によっては、公共空間における科学的知識と洞察を社会に伝える媒介者としての機能をメディアが自覚的に果たすことがこれまで以上に重要になっていくが、しかも同時に科学と政府による情報操作とを区別しながら、より適切に知識と情報を伝える役割を果たさなくてはならない。その際に、国民には複雑な情報を伝えるのではなく、分かり易くまとめるのがメディアの役割であるという誤解を取り除く必要がある。

最後に、この特別号が出版される頃には新型コロナ感染症のワクチン接種が国内でもかなり進んでいることであろう。しかし、本稿の執筆時から出版されるまでの間、国民の多数が現状におけるオリンピック開催に否定的であるにも関わらず、オリンピック開催に向け突き進んでいく管政権と与党を見るにつけ、幾つかの問題点も明らかになってきている。一つは、近代西洋社会が理念として提示し、近代民主主義の土台となる個人の自由・平等・人権の理念から、それらを蔑ろにしても経済優先の国家主義的な社会（スポーツは広報として利用しやすい）へと変えようとする行政を含めた政治（とメディア）の動きである。また、欧米においてはまだ市民の権利と科学を尊重する政治的文化が少なからず見られるが、国内においては、このコロナ禍の陰に隠れて、検証・合意されていない科学的仮説を科学として利用し、特定の国内外の企業の経済活動を誘導しようとする他の政策がすすめられている。残念ながら、どれだけ一部の企業が富を蓄積しても、社会が弱くなれば、国は衰退していくことになる。もう一つは、欧米の政治文化にまだ垣間見られるキリスト教と啓蒙主義を基盤とする正義と公正の理念（それは必ずしもリベラルな方向に向くとは限らない）が、復古的色彩を目指そうとしている日本の政治と経済の世界で失われつつあるという点であろう。このように見れば、なぜ、人文系の研究者が日本学術会議の任命から拒否され、その理由も説明しようとしないことも明らかである。

4．おわりに

以上、何の根拠やエビデンスを提示することなく、ただ筆者の考えを記しただけであるので、学会誌に相応しい論考であるとはいえないが、新型コロナウィルス感染症と日本学術会議任命拒否問題という二つの無関係な出来事を結び合わせて考えることによって何を考えることができるのかを試みた。誤った認識、事実誤認等があれば、ご指摘、ご教授願いたい。

〔きむら　たけし〕

参考文献

- 荒木優太、『在野研究ビギナーズ：勝手にはじめる研究生活』、明石書店、２０１９年。
- 佐藤学・上野千鶴子・内田樹編、『学問の自由が危ない−日本学術会議問題の深層』、晶文社、２０２１年。
- 日本ＷＨＯ協会「ＣＯＶＩＤ−19ウイルスの起源に関するＷＨＯ調査報告書」、２０２１年４月１日、https://japan-who.or.jp/news-report/2104-2/、２０２１年４月５日アクセス。
- 橋本健二、『新・日本の階級社会』、講談社、２０１８年。

- ――『中流崩壊』、朝日新聞出版社、２０２０年。
- Betsy Mckay, "Bill Gates Has Regrets," The Wall Street Journal, ２０２０年５月11日、https://www.wsj.com/articles/bill-gates-coronavirus-vaccine-covid-19-11589207803、２０２１年４月５日アクセス

思いやりの思考枠組

――「自粛」と「自助」の危機に直面して

布施　元

人間性の危機

「この病気が世界の端から端、そして果てまでも急速に広がったのは、時代の〝産物〟によるものです。感染を止める壁はありません。……／このような危険な事態がもたらす別の大きな危機は、……私たちの社会生活や人間関係が毒され、人間らしい行いができなくなることです。／〝見えない敵〟がいたるところに［い］て、いつ襲われるかわからないという恐怖にとらわれたとき、私たちは本能的に、同じ人間をむやみに脅威に感じたり、攻撃の対象と感じるものです。……私たちの貴重な財産――社会組織や人間性を守るには、理性的な思考を持ってください。」（［　］の挿入は筆者による）(1)

これは、イタリアのある高校の校長先生が書いた手紙からの抜粋であるが、新聞やテレビなどで紹介され話題になったこともあり、ご記憶の方も多いかもしれない。感染によって生じるのは生命や健康の危機だけでなく、〝人間性の危機〟でもある。コロナ禍の影響で学校が閉鎖され休校となり、高校に行くことができなくなった生徒たちへ贈ったこの言葉は、日本でも多くの共感をもって伝えられた。

現在は、このメッセージでいわれているような状況、すなわち、人間どうしが冷静さを失い、互いに脅威や攻撃の対象となってしまうことを危惧するような状況とは、様相が異なるかもしれないし、ここ日本においては、事情もすくなからず異なるだろう。しかし、そのメッセージに伏在する、人間の本質に関する指摘の鋭さは、いまだに失われていない。脅威や攻撃の対象とまではいかなくとも、不信感を抱いたり敵意を示したりしてしまうことや、そもそも互いに人間としてかかわり合えていないことが、つねにありうるからだ。コロナ禍にかぎらず、災害のときに表面化しやすい、非人間的といえなくもないこのような徴候は、人間に共通する問題として、災害時であろうとなかろうと、私たちはいつも注意深く警戒すべきなのかもしれない。人間性の危機を、人間は潜在的に抱えている。

そんな教訓として、私はいまでもこのメッセージを重く受け止めている。そして、そうした点こそが、高校生へ宛てたものでありながら、私たちのような高校生以外の人間にも共鳴するゆえんなのかもしれないが、私たちははたして人間らしい行いに反したり、他人に対して人間として丁寧に接することを軽んじたりすることなく、日々、生活しているだろうか。人間に対するかかわり方が、おざなりになっていないだろうか。自問し、反省せずにはいられなくなる。このたびの新型コロナウイルスによる災害は、種々の「危機」(2)を人々に意識させるが、そのような人間そのものに根ざした危機への洞察も促しているのかもしれない。

人間性の危機、人間そのものにとっての本質的な危機を、コロナ禍を契機にして的確に把握していくとともに、その危機を乗り越えるような観点や道筋を、ここで模索しようと考えている。そうした意図のもとで、コロナ禍に起因するか否かにかかわらず、コロナ禍に見舞われている日本で実際に生じている問題を俎上に載せながら、その危機の内実を鮮明化させていくことにする。そのように、コロナ禍のなかで起こった――あるいは、起こっている――、人間にまつわるいくつかの印象的な出来事に触れることになるが、いま何が問題なのか、いま人間にとって何が本当に求められているのか、ということを念頭に置きながら、いまだけの問題としてでなく、将来社会のあり方も見通しつつ、人類共通の課題として考察していきたい。

一斉休校問題――「自粛」を生じさせる出来事①

学校に行くことができなくなったさきほどの話に関連させていえば、日本でも2020年3月以降、政府の要請により行われた小・中・高の「全国一斉休校」という事態（以下、一斉休校問題）が思い起こされるだろう(3)。この休校によって、安全や安心を享受することになった児童や生徒やその保護者がいたことも否定できないし、インターネットなどのメディアを利用した遠隔授業が進展したのも、事実だろう。

私自身も、大学でオンライン授業に取り組み、従来と変わらない授業内容を届けることに悪戦苦闘し、たくさん失敗もした。オンライン授業をめぐっては賛否両論があり、不満の声もすくなくないが、大学生ということもあってか、また、授業形態にもよるだろうが、「一人だからこそいつもより集中でき、理解度が高まった」とか、「対面授業では周りが気になり教師に話しかけづらかったけど、オンライン授業ではかえって教師とのつながりやすさを経験した」といった、肯定的な意見もなくはなかった。ほかにも、すくなからぬ積極面を挙げることができるだろうが、他方で、こうした副次的な効果が教育の目的そのものではないことも認識しておくべきではないだろうか、とも思う。情報や知識を提供したり伝達したりすること、または、教師とつながることだけが、教育ではないからだ。

教育というのは、エデュケート（educate）することであり、教育する主体が教育される対象を、人間として、かけがえのない一個の人格として捉え、その内に有する可能性や個性、能力や才能といったものを外へ引き出すことであり、全人間的な積極的対応が求められる営みである。相手を、主体として適切に扱うことを前提とする行為だ。教育する者、教師というのは、教育対象をこのように人間という主体として位置づけ、その可能性や個性を見出すことに長けた人のことを指すが、伝えることやつながること――それらの行為自体は教育においてすぐれて肝要ではあるが――に専念するあまり、上記のことを疎かにしてしまうこともしばしばである。

自戒の念を込めて述べているが、一斉休校問題は、このような教育としての「人間らしい行い」を、ともすれば軽視しかねない事態であった、と私は危機感をもって捉えている。日常の膨大な事務作業に加え、感染対策にも追われ、教師のみなさんが苦労されていることは重々承知しているが、オンライン化やリモート化といった教育の手段が普及していくにしたがって、伝えることやつながることばかりが目的化し、ひいては、一人ひとり人格が異なる相手に対して全人間的に向き合おうとする、教育本来の姿から遠ざかるような結果となっては、本末転倒である。そうした人間的な営みが基礎にあってこそ、伝えることやつながることが教育的意義をもつことになるはずで、まさにそこに、機械や人工知能では代替できない人間の存在理由が見出されるのだが、話が逸れてきたので、元に戻そう。

こうした派生的な事象（オンライン化の拡充）をもたらすことになった一斉休校であるが、そもそもそれ自体が問題を抱えていることを見落としてはならない。人間らしい行いを実践するはずの教育が、一斉休校をつうじて、いとも簡単に阻まれてしまうような、この日本の社会的事情にも注意する必要がある。

教育の実施の可能性を探ることよりも、一斉休校が優先的に決定され要請されてしまう。また、それを受け入れざるを得ないようになってしまっている。教育に対して、教師たちに自制的な態度をとらせてしまうことが、また、教師たちの精神的な萎縮さえ招きかねないことが、容易に起こりうる。いいかえれば、それは、教育する者を「自粛」させてしまう事態であるが、それを教育行政として公的機関が率先して推進してしまう、という問題性は看過できない。

休校が問題ではない。あくまでも、学校や地域の特性や事情を考慮せずに、全国で一律に画一的に休校を実施しようとする背景に、問題がある。一部の自治体が異を唱えたものの、ほとんどが政府からのトップダウンにより、そのまま受容している。しっかりした衛生管理や検査体制に裏打ちされた教育の確保へむけた意欲や努力を阻止するような、社会的な圧力が働いている。行政に内在する体質――人々を統制し管理しようとする介入的体質――が露呈している、といえなくもない。一斉休校問題を〝行政による教育への圧力〟と、ここでは少々厳しく断じておく。

コロナ禍という特殊な災害のもとで、多方面での行動の不自由を経験することになったが、以上のような心の内面的な不自由もいたずらに強いられうることは、ゆゆしき問題だ。この災害がいつか終息し、行動の自由が謳歌されるようになったとしても、一斉休校による「自粛」的体験が禍根とならないとはいいきれない。一斉休校問題は、子どもたちが学ぶ貴重な機会を行政が奪ってしまう一方で、教育を行おうとする教師に行政が「自粛」を促すような、人間性の危機の一端でもある。

学術会議問題──「自粛」を生じさせる出来事②

コロナ禍に乗じてか、教育とは別に、学問や研究にかかわる場面で突如、明るみになった、政府による制約ない し締めつけ、といえる動きもまた、人間の精神活動の萎縮を増進しかねないものである。

菅義偉内閣が発足して間もなくの2020年10月、首相が、日本学術会議の会員に推薦された一部の候補者の任命を拒否したことで、世間を賑わせた。この問題（以下、学術会議問題）を、科学者や市民やメディアが学問の自由などの危機として受け止め、多くの学会や団体が抗議声明を公表し、大規模に連帯したことでも、耳目を集めた(4)。指摘されている問題点が多岐にわたることもあり、ここでは深入りしたり、その論点を列挙したりすることは控えるが、その重大な論点として、「学問の自由」と「表現の自由」の侵害に着目することは、妥当だろう。

科学者による、国内外に対する代表機関である日本学術会議は、政府から独立した組織であるが、このたびの問題は、その科学者の自己決定に政府が介入した意味で、権利の侵害である。また、政府の意に沿わない者を排除すれば「学問の自由」を、そして、発言や活動を制限すれば「表現の自由」をも侵害していることになる。自由で多様な意見や寛容な精神が抑制されてしまうことにもなりうる(5)。

表現することは、学問をするうえでとても大切な営みだ。表現することは、エクスプレス（express）すること、自分の内に潜むものを外へ押し出すこと、表出させることである。学問やそれにともなって表現をするということは、学問をし表現をしているまさにその自分自身を、主体として適切に扱うことを前提とする行為であり、学問の自由を、そして表現の自由を条件とする行為である。そのような人間の主体性の発露が制限されることは、人間が人間として扱われていないことの証左である、といっても過言ではないだろう。

私も学問や表現といった人間的な活動にかかわり、その一環として現にいま、このような執筆活動に精を出しているが、気の弱い私のような人間であれば、日本学術会議とは直接関係がなくても、こうした出来事にすくなからず反応し配慮して、何かにつけ、政府の考えと異なるような見解を示すことに躊躇してしまったり、何らかの制約を自ら加えてしまったりすることが、起こりえないとはいいきれない。触らぬ神に祟りなし、ではないが、学術会議問題に触れること自体、避けようとする気持ちもわからないではない。しかし、学問や表現の自由を外から抑えつけようとすると同時に、それを内から受け入れようとするこのような動向は、人間らしい行いに反することである。そのように社会的な圧力によって自制や自重を促されることは、学問の発展にとっても、一個人の人生にとっても、損失でしかない。

以上のようなことから、今回の学術会議問題は、〝行政による学問への圧力〟である、と提示することができるだろう。学問や研究は、人間の自発的で主体的な内なる力を遺憾なく発揮してこそ成り立つ作業であるが、学問的な営みにおいて、それに逆行する仕方で、自制的な態度や精神的な萎縮、まさに「自粛」を生じさせるような力が働いている。上からの、政府による行きすぎた介入である。それは、人間を主体として扱うことを拒むことにつながるが、国家権力をつうじて科学者が軍事に動員され、学問が人を殺す戦争に加担してしまった負の歴史——人間を人間とも思わなくさせてしまった歴史的現実——を反省して設立された、日本学術会議の存立根拠に鑑みれば、なおのこと、問題は根深い。

こうして私たちが認識することになるのは、コロナ禍を直接には原因としない学術会議問題が、「自粛」という問題の一点において、一斉休校問題と無関係ではない、ということである。二つの事件は、〝行政による圧力〟ないしは〝行政による不適切な介入〟のもとに、人間の萎縮的な態度を助長しかねない重大な出来事であった。人間が人間として主体的に生きるために、教育や学問がいかに大事なものであるか、一斉休校問題と学術会議問題をきっかけとして、改めて気づかされる。一見すると無関係のようにも受け取れるこの二つの問題は、人間の問題の根っこにおいて、切り離しがたく連関している。

べつに政権や政策を非難することに、ねらいがあるわけではない。ただ、政府や自治体の行動、または、行政による〈公〉的な力の発動というのは往々にして、人々に対し――教育や学問の領域に踏み込んで――「自粛」を強要しかねない、という事実、あるいは、人間としての伸びやかな成長や発展を遮るように機能しうる、という事実は、肝に銘じておくべきであろう。教育と学問の自律性を保つためにも。一事が万事ということではもちろんないが、そうしたことを示唆する強烈な実例が、一斉休校問題であり、学術会議問題である。教育も学問も、他人ごとではない。だれしもが教育に、学問に携わって生きることになる。教育と学問は、文化の根幹である。人間の活動の文化的側面におけるこの二つの出来事は、人間そのものの問題であるかぎり、一過性の現象として受け流すことはできない。

「自助・共助・公助」の社会像

ところで、コロナ禍のまっただなかにおいて、この「自粛」という言葉でまっさきに連想されるのは、人々の移動ないし行動の制限、とくに経済活動の制限に端を発する生活苦や生活難かもしれない。コロナ禍という新たな災害のもとで、経済的に弱い立場にある人々がますます弱い立場に追い込まれているが、そのような経済的な問題は、上記のような教育や学問を含む文化的な問題とならんで、生命や生活に直結する仕方で、まぎれもなく存在する。

そうした状況で、経済的弱者といわれるような人々の生命と生活が脅かされていることを深刻に受け止めつつ、「自粛」ならぬ「自助」への圧力に対抗しようとする言説が散見するようになったのは、必然的であるといえるかもしれない(6)。さらにいえば、コロナ禍の甚大化に沿うように、連帯や共生、社会的共通資本やベーシック・インカム(基本所得保障)などといったキーワードが各メディアで登場してくるようになった背景も同様で、「自助」だけでは、自分の力だけではどうにもならない人々の経済的な逼迫状況は、切実である。

災害が起こるたびに再燃してきた感のあるこの「自助」という発想は、「共助」や「公助」といった用語をともないながら、現代日本の一つの特徴的な思想傾向を形成している、といってよいだろう。以前からも主張されていた「自助・共助・公助」という枠組をめぐる議論は、２０００年代に入ってから盛んになった(7)。そして、２０２０年９月、菅内閣が発足して最初の閣議で決定された基本方針に、これからめざしていく社会像として「自助・共助・公助、そして絆」というものが示された。

自分でできることは自分で行い、それを補う形で、隣近所や地域で助け合い、その後に、自治体や政府が対応する。行政サービスをつうじて公的機関が支援し援助する「公助」を最初から頼りにするのではなく、まずは、個人一人ひとりが自らを助ける「自助」や、自分たちが居住する地域の共同体(コミュニティ)で相互扶助的に支え合う「共助」に、責任と任務を負わせようとする考え方である。

人間は、生まれてすぐに社会を必要とする生き物である。「自助」(個人)だけではどうしようもないから「共助」(コミュニティ)があるが、それでもどうしようもないから「公助」(公的機関)が存在するわけで、とりわけ現代社会では、「自助」と「共助」だけではままならず、「公助」が社会的な支援としてつねに正当に要求される。災害という緊急事態であれば、なおさらだ。人間だれしも、どういう状態で生まれ、どういう状況で生きることになるかわからないから、だれもが公平に、最低限、人間らしく生きられるためにも、「公助」は欠かせない。それは、公正な再分配にもとづく人間的生活の保障を指摘しているにすぎない。

たしかに、「自助」も「共助」も肝腎であり、それぞれの存在意義を否定するつもりはないし、自発的なものであれば、むしろ大歓迎である。が、しかし、「公助」が本来、担うべき役割を自ら削減しようとし、その削減した負担を「自助」と「共助」に押しつけてしまいかねない点に、この考え方の不合理がある。無防備で不安定な「自助」と「共助」を「公助」よりもあえて前に据えて奨励し、「公助」の存在を目立たなくさせる発想はじつに巧妙であり、「公助」による適切な処置の必然性を見えにくくさせる。このようにして、「助」（助けること）が公的機関の元来の役目である、という事実も曖昧にされうるが、こうした傾向を踏まえつつ、私たちの人間社会が、個人（自）とコミュニティ（共）と公的機関（公）だけで構成されているのではないことも、押さえておきたい。

〈公〉〈共〉〈私〉の思考枠組

私たち人間一人ひとり（自）は、さまざまな人間関係を形成しながら社会を成立させているが、その社会のあり方、とくに現代社会のあり方を把握したり、将来社会を展望したりするうえで、〈公〉〈共〉〈私〉という三つの社会領域を用いて分析し理解する方法がある。「自助・共助・公助」でいうところの「共」と「公」に、「私」というものが加わった形だ。それぞれの領域は部分的に重なり合いながらも、独自の性質や原理にしたがって機能している。現代の私たちは、この三つの領域にかかわりそこから恩恵を受けながら、日々、生活している。

〈公〉というのは、政府や自治体などによって担われる行政システムを、〈私〉というのは、主に営利企業などが担い手となる市場システムを、おのおの指すが、それらと異なる性質や原理にもとづく〈共〉という領域もたしかに存在し、近年は「共助」という側面だけでなく、いろいろな場面において注目されている。それはなにより、私たちの人間としての生活が〈公〉や〈私〉だけでは不十分であるからだ。そして同時に、〈共〉が〈公〉や〈私〉によって追いやられてきた存在でもあるからだ。

〈共〉は、ほかの二つにくらべて、とても脆弱である。それは、人類の歴史とともにコミュニティとして存続してきたものの、とくに近代以降、〈公〉（国家）と〈私〉（市場）が一般化するなかで、両者が社会の両輪となって幅を利かせ、〈共〉は縮減の一途をたどっていった。こころみに、自分の身の回りを見渡して想像してみてほしい。いまの生活を成り立たせている状況が、ほとんど市場システムと行政システムに依存していることに気づくはずだ。

ただ、そうした状況のもと、ボランティアをはじめ、協同組合やNGO・NPOなど、市民の自発的な活動や運動が、新たな〈共〉的存在として存在感を示しつつある。例えば、個人や各種団体のボランティアが、とくに災害時に自然発生的に――〈公〉や〈私〉とは異なる動機にもとづいて――立ち上がり、このたびのコロナ禍のなかにおいても生活困窮者の救済のために、食料の無料配布などを行い活躍している。それら新たな〈共〉の存在が、コミュニティとしての従来の〈共〉の維持や再生とともに拡がりを見せるなかで、〈公〉〈共〉〈私〉の適度なバランスを基礎にした社会の新たな方向性が、これからめざしていく社会像として――「自助・共助・公助」とは別に――模索されてもいる。

くわえて、〈公〉というのが「統制（強制）原理」にもとづく社会領域であり、また、〈私〉というのが「市場（競争）原理」にもとづく社会領域である点も、この思考枠組を知るうえで重要だ。行政の画一的な事業（政治権力的な統制経済）でもなく、企業の営利的な活動（利潤動機にもとづく市場経済）でもなく、両者とは違う原理や動機に導かれるような経済のあり方が現れてきている[8]。それは、働き甲斐や人助け、社会に役立つ仕事への意識といったものに支えられていて、金銭的な利益よりも社会的な有益性を優先し互いの信頼に基礎を置く「連帯経済」、分かち合いや共有の関係性を重視する「シェアリング・エコノミー」など、新たな経済活動の様式として、行政システムや市場システムだけでは対応しきれない、幅広い社会的な課題の解決にも目を配りながら、展開している[9]。

私は、こうした第三の経済的勢力によっても代表される新たな〈共〉が、コロナ禍のなかで「自助」を強いられ苦しんでいたり疲弊していたりする経済的弱者――日常において〈私〉の競争からはじき出されたり、そこに馴染めなかったりするような人々も含めて――を勇気づけ、活気づけるのではないか、と期待している。市場原理と相性のよくない経済活動もあれば、災害の影響を受けやすい職種もあるし、「新しい生活様式」や「ニューノーマル」の要請に対応しづらい事業形態も存在することを考えれば、それは急務でもあるだろう。

こうした背景から、多様な〈共〉の発展が、「公助」の削減にともなって「共助」という仕方で、〈公〉の役割や仕事を代替するのではなく、むしろ、〈公〉によって個々人と〈共〉が支援されるように、自ら働きかけていく推進力になることも、私は見据えている。ボランティア一つとっても、それ自体が、〈公〉的支援の不徹底さを物語ってもいるだろう。個々人の生命や生活の保障とそれを後押しする〈共〉の活性化のためには、〈公〉の正当で適切な役割の遂行が求められる。〈公〉〈共〉〈私〉のバランスを保つためにも、〈公〉が〈共〉を適切に支援することが、「助ける」という本来の責務として不可欠である。「公助」の欠如、そして、〝〈公〉による〈共〉への適切な支援の欠如〟によって、人々が「自助」を強いられてはならない。

人間が互いに主体としてかかわり合うこと

いま見てきた「統制」や「競争」といった言い回しにも関係してくるが、この三つの社会領域の特徴について――とりわけ、質的な違いに力点を置きながら――、もうすこし説明を加えておこう。

ほかの二つと決定的に異なる〈共〉の性質は、「倫理性」にある、と私は考えている。すなわち、人間を主体として倫理的に扱うことがめざされ実践されるのは、〈公〉や〈私〉ではなく、こと〈共〉においてである。統制の原理や競争の原理だけでは生まれにくいのが、このような人間の倫理性である。人間が互いに、手段としてではなく、目的として、主体として倫理的にかかわり合うことが、〈共〉において自然に実行される、ということである。

もっぱら主体として人間が関係し合うことになるのが、コミュニティにおいてであるのは、イメージしやすいだろう。家族や近隣地域をはじめ、さまざまな形態をなすコミュニティが、基本的に、顔の見える関係をともないながら全人間的にかかわり合うことで、生命の維持や人格の形成を可能にし、人間の主体性の基盤を供しつづけてきた歴史的事実は、振り返ってみるまでもない。コミュニティを構成する成員が、互いの存在を享受し合うこと、互いの生存を共歓し合うことが、コミュニティとしての〈共〉の特長である。

ひるがえって、〈公〉と〈私〉はどうかというと、むしろ、こうした自己と他者の主体―主体関係あるいは相互主体性からは、距離をとってきたともいえる。市場システムも行政システムも、競争や統制の原理をつうじて、人間が互いに手段としてかかわり合うことを容易にし、それを利用してますます増幅し、社会全体へ浸透していった。市場において人々が競争するのも、行政によって人々を統制するのも、相手をたんなる客体として、手段としてこそ達成される。

それゆえ、人間関係において競争することや統制することが日常化し、人を主体として丁寧に扱わなくなってしまうような徴候が、いろいろなところで頻出するようになる。災害のような非常事態のときには、それがわかりやすい形で──自分の身に迫る切実な仕方で──現れる。人間性の危機という形で。その一方で、さきほど確認したように、市民の自発的な活動や第三の経済的勢力の興隆を筆頭に、新たな〈共〉の展開が期待されるが、人間が互いに主体として、目的として関係し合うことが、このように多彩に追求されはじめていることも、心に留めておいてよいだろう。

ただ、そうはいっても、人間が手段となることが全面的に否定されるべきではないことも、誤解を生まないために付け加えておきたい。人々が、否応なしにグローバルに──このたびの感染でも証明されたように、「世界の端から端、そして果てまでも」──つながり、互いに影響を及ぼし合っている現代社会において、行政システムや市場システムの役割や機能は日常においても非常時においても、欠かせないものとなっている。そうした事情があるから、なおさら〈公〉〈共〉〈私〉の適切な均衡状態が要求されるわけでもあるが、そうしたことに付随して、現代に生きる人間の必要最低限の手段化は、許容されてしかるべきであろう。

人類がみな、この地球上で、互いに顔の見える関係を築くことは、現実的に考えて不可能であるし、そうする必要もない。また、ある他者が自己にとっての手段であることによって、つねにその他者の主体性が阻害されているわけでもないだろう。この拙い文章を読んでくださっているあなたにとって、私は、情報や知識の提供者あるいは伝達者としてあるかぎり、手段以外の何ものでもないが、その手段としての私は、その拙い文章の執筆という主体的な表現活動にかかわる私と、積極的に両立している。このように人間の手段化は、かならずしも否定しえないうえにときに必要でもあるのだが、〈公〉と〈私〉の二極化によって、それ（人間の手段化）が社会的に支配的になっていること、そしてそれが、倫理性に背くような事態を生じやすくしていることが、問題の核心としてゆるがせにできないのである。

さて、以上のように、人間が倫理的にかかわり合うことに焦点を当てて見ていくと、〈公〉〈共〉〈私〉という思考枠組の話が教育や学問とも接点をもつ、ということが自然と浮かび上がってくるはずだ。それは、〈公〉〈共〉〈私〉が社会全体に関係する概念であり、要するに、経済の問題だけでなく、それも含めた、ひろく社会の問題として――人間の活動全体の問題として――捉えられる、ということに由来するのだが、その人間の活動の一つである文化においてこそ、この倫理性が重大な意味をもつ。

行政による不適切な介入と、適切な支援の欠如

〈公〉〈共〉〈私〉は、教育や学問といった文化的な事柄とも無縁ではない。それどころか、教育や学問という人間の営みは、この〈共〉という社会領域と深く関係し、教育をするうえでも、学問をするうえでも、倫理性が主要な観点となる。教育される相手も、学問をし表現をする自分も、主体として適切に扱うことが前提とされるからである。学問の自由のために、科学者や市民が声をあげ、学会などが連帯したことも、人間の主体性を重んじる〈共〉における一つの具体的な姿である。〈共〉は、人間らしさや倫理性を涵養し発揮させる土壌である。

したがって、〈共〉が萎縮したり縮小したりするようなことがあれば、それは、この倫理性を醸成する土台が脆くなっていくことを意味する。いってみれば、〈共〉というのは、〈私〉の営利活動や〈公〉の政治権力の介入によってゆがめられてはならない社会領域なのである。自律的に発展していこうとする教育や学問が、競争や統制の原理

にのっとって制約を受けるようなこと、ましてや誘導されるようなことがあってはならない。人間にとっては、教育それ自体が目的でもあり、学問それ自体が目的でもある。のびのびと生きようとする一人ひとりを、教育や学問を手段にして抑え込むようなこと、「自粛」させるようなことが、あってはならない。人間の内面が、社会的な外圧によって抑えつけれられてはならない。

さきほども言及したように、私自身も取り組んだ教育のオンライン化・遠隔化も、そのような倫理性の観点から見定めた場合、多少なりとも用心すべきであることは、想像に難くないだろう。あくまでも、教育を行ううえで補助的ないし臨時的な手段として有用であり有効であるものが、時代や社会の要請の名のもとに、〈私〉による利益追求のために、〈公〉のお墨付きも得ながら、いたずらに拡充されるようであれば、教育の元来の趣旨からは逸脱していく。〈公〉に求められるのは、〈私〉への追従やそれによる〈共〉への介入ではなく、〈共〉への支援である。〈公〉的支援が削られていくなかで〈共〉が弱体化していくことにより、人々の生活の不安定さや余裕のなさはより一層厳しいものになり、それを原因として、人間の精神的な萎縮状態、「自粛」を促進させ、倫理的関係の構築を危うくさせてしまうことも、容易に想像できるだろう。「自助」することで精いっぱいだからだ。衣食足りて礼節を知る、ではないが、相手や自分のことを主体として捉えようとする倫理性というのは、その人の性格や努力とは別に、生活の安定や余裕に負うところが大きいことは、経験的に知られるところだろう。そして、こうした推察をとおして、〈公〉の役割を再確認する。〈公〉によって生活が保障され、〈公〉によって教育や学問が〈共〉的な領域として適切に支援される、という自然でまっとうな発想である。

さて、このようにして考えてくると、文化における「自粛」の問題が、〝〈公〉による〈共〉の弱体化〟という問題の一点において、経済における「自助」の問題と無関係ではない、ということを、私たちは認識することになる。

〝行政による不適切な介入〟は〝〈公〉による〈共〉への不適切な介入〟であり、人々に「自粛」を迫る問題である。そして、〝〈公〉による〈共〉への適切な支援の欠如〟は〝行政による適切な支援の欠如〟であり、人々に「自助」を迫る問題であり、また、人々に「自粛」を迫る問題でもある。「自粛」の問題も、「自助」の問題も、個人を超えた社会の問題として――人間の問題として――、根っこでつながっている。〈共〉が危ぶまれる事態に視点を定めることにより、生命や生活と密接にかかわる経済的な側面だけでなく、教育や学問を含む文化的な側面にも通底する、人間の深刻な問題性が顕在化してくる。

人間らしい思いやり

冒頭で取り上げたイタリアの校長先生のメッセージには、つづき（日本の高校生たちへむけた追伸）があり、そこには、その以前のメッセージについて解説している、次のような一文が含まれている。「ここでとくに強く伝えたのは、人間らしい思いやりを忘れないように、ということです。」（傍点は訳者による）(10)

この「人間らしい思いやり」というのは、冒頭の引用では「人間性」と訳されていた〝umanità〟という言葉に当たる。ウマニタ、英語でいえばヒューマニティ、フランス語でいえばユマニテということになるが、わかっているようで意外とわかっていないようでもあるこの外来語を、著者の意図を忠実に汲み取りながら、私たちのような日本語の話者へ伝えることにも心を砕いて、「思いやり」と翻訳しているところが絶妙であり、示唆に富む。

この思いやりをもとにして考えてみると、これまで強調して論じてきた「倫理性」という言葉だけでは不十分で、もう一つ別の要素――いってみれば、思い描くこと――によって補完されるべきであることを、実感するのではないだろうか。それをここでは、便宜的に「構想性」と表現しておくが、それが備わってはじめて、倫理性は思いやりとして成り立つ。相手を、そして自分を、それ自体、目的として、主体として思い描くことが、思いやりである。人間性あるいは人間らしい思いやりを構成する不可欠な要素として、このように倫理性と構想性の二つを提起してもよいのでは、と私はいまのところ考えている。

構想すること、想像すること、すなわち、人間である自分の心と頭を存分に使って、思い浮かべ思い描こうとすることもまた、人間にとって欠かすことのできない大切な作業である。人間が互いに主体としてかかわり合うことが、たとえ困難である状況であっても、それを想像すること、思い描くこと、つまり、思いやることは、だれにでもできる。それは、人間が人間として生きていくうえでの要であるし、教育や学問を根本から支えるような、人間に固有の性質である。そして、それはきっと、「自粛」や「自助」を強いる圧力に抵抗するための切り札となるはずだ、と信じている。

人間性の危機、すなわち、人間の人間らしい営みとしての思いやりを外から制するような危機に直面するなかで、いまを生きる私たち一人ひとりが、あらゆる場面でその思いやり――倫理性と構想性――を根気強く保持し、実践し、深化させていくことが試されてくる。そして、この二つの人間的な性質は、さきに挙げた〈公〉〈共〉〈私〉の三つの社会領域のうち、とくに萎縮し脆弱化しやすい〈共〉が活性化し、〈公〉〈共〉〈私〉がおのおのバランスよく機能してこそ、充実したものとなり、また逆に、その思いやりをよりどころにしてこそ、〈共〉は豊かなものになるだろう。

せっかく人間に生まれてきたのだから、互いに最低限、人間らしく生きたいし、互いに最大限、内に秘めた人間としての可能性を開花させたい、と願うのは、人間にとって自然なことだろう。そうしたことが実現されるためにも、個人に求められること、社会に求められることを、コロナ禍のいま、改めて考えなおす機会が訪れているのかもしれない。

〔ふせ　もとい〕

参考文献

- 大澤真幸（2020）「不可能なことだけが危機をこえる――連帯・人新世・倫理・神的暴力」大澤真幸ほか『思想としての〈新型コロナウイルス禍〉』河出書房新社
- 貴戸理恵（2020）「『不登校新聞』のコロナ関係記事に見る「休校による不利益」の不可視性」『現代思想』（8月号）青土社
- 佐藤学（2021）「はじめに」佐藤学・上野千鶴子・内田樹『学問の自由が危ない――日本学術会議問題の深層』晶文社
- ドメニコ・スキラーチェ（2020）『「これから」の時代を生きる君たちへ――イタリア・ミラノの校長先生からのメッセージ』世界文化社
- 『世界』編集部編（2020）「特集1　コロナ災害下の貧と困――自助か、連帯か」『世界』（第939号）岩波書店
- 武谷嘉之（2015）「日本における共助の可能性――歴史的観点から」橘木俊詔編『共生社会を生きる』晃洋書房
- 西田亮介（2020）『コロナ危機の社会学――感染したのはウイルスか、不安か』朝日新聞出版
- 布施元（2014）「現代社会の〈共〉に関する人間学的考察――〈共〉の構想性と倫理性に触れて」総合人間学会編『総合人間学』（第8号）オンラインジャーナル版
- 古沢広祐（1995）『地球文明ビジョン――「環境」が語る脱成長社会』日本放送出版協会
- ――――（2018）『みんな幸せってどんな世界――共存学のすすめ』ほんの木
- 寄川条路編（2021）「まえがき」『表現の自由と学問の自由――日本学術会議問題の背景』社会評論社

注

（1）スキラーチェ（2020）一四、一六頁。

（2）コロナ禍によって生じる「危機」というのは、例えば、〝感染の不安〟および〝不安の感染〟としてのまさに「不安」（西田（2020））という形をとって現れうるし、〝医療〟、〝経済を中心としたシステム〟、〝メンタル面〟といった三つのレベルでの「カタストロフィー」（大澤（2020））という形をとっても現れうる。

（3）休校要請による影響が、制度化された「学校」の子どもたちだけでなく、制度化されていない「不登校」の子どもたちにも及んでいることに光を当てつつ、さらには、両者それぞれのなかでの社会経済的状況の明確な相違をも生じさせていることに、注視していかなければならない（貴戸（2020））。

（4）佐藤（2021）。

（5）寄川（2021）。

（6）例えば、自営業者、フリーランス、中小零細企業、そして、女性が多くを占める非正規といった立場の人々にはげしく直撃しているコロナ禍のもとで、「自助」を掲げる政治にあらがって生命や生活を守ることに依拠するような、実態調査を踏まえた諸議論は傾聴に値する（『世界』編集部（2020））。

（7）武谷（2015）。

（8）〈公〉の「統制」や「強制」の原理、〈私〉の「市場」や「競争」の原理に対して、〈共〉特有の原理としては「共生」や「共創」といったものが挙げられることもあり、例えば、その具体的形態としてのボランティアは、「経済的利害を超えてダイナミックに展開する豊かで多様な人間的な関係性の世界」として把握されうる（古沢 1995）。

（9）古沢（1995）、古沢（2018）。

（10）スキラーチェ（2020）二七頁。

おわりに――編集を終えて

コロナ禍の新しい人間の生き方を探求するこの特集号を編集しながら、群集生態学（community ecology）を、この地球上のあらゆる生息場所における、人間と生き物たちとの抜き差しならない複雑な絡み合いを明らかにする科学に育てあげようとしたチャールズ・エルトン（1900－1991）の仕事を思いだしている。

1929年頃、少数のアフリカハマダラカがフランスの駆逐艦によってアフリカのガダールから、ブラジルの北東海岸に到着し、つづいて、この地方にマラリアが突然発生した。それから2、3年は、カは海岸沿いの地方に深く侵入してゆき、数年たってから300キロも離れたところでマラリア流行の火の手があがった。これはブラジルはじまって以来最悪の疫病の一つになり数十万人が病に倒れ、2万人が亡くなったといわれている。このカが森林の外の日当たりのよい水たまりで繁殖することがわかり、ロックフェラー財団がブラジル政府と協力し、3000人の職員を動員し、200万ドルを投入して3年かけで撲滅に成功した。これ以後、空港での検疫が始まった。

人間を媒介者として、5大陸の陸地、河川、海洋にウオレス線を越えて、おそらく何百万種という生き物が外来種として侵入し、地域の生物群集の様式を激変させてきた。2018年の一日の乗降客数の多い空港はアトランタ、北京、ドバイの順であったが、前2者は年間1億人を超えている。微生物、昆虫の卵、植物の種などは、検疫があったとしても、いともやすやすと国境を越えるのである。

生態系は、外来種の侵入に対して抵抗する。そして、この抵抗は、生物種が多様であり、隠れ家でもある生息場所が潤沢にある場合には強靭であるが、田畑や牧草地が商品生産の効率化のために単純化されることによって脆弱になることも知られている。人間の社会も同じである。

子どもたちは、工業化、情報化のために規格化され、単純化されることをいわば本能的に嫌い、社会のなかで安心して成長できる隠れ場を見つけようとしている。家庭が安心できる場でなくなったら彼らはどこに生息したらいいだろう。学校の給食にありつけなかったらどこで飢えをしのいだらいいだろう。塾帰りのプラットフォームや車内で友達と群れることが出来なければ、どこで遊べばいいのだろう。

子どもたちが成長モデルにしようと模倣する大人たちはどのようにふるまっているか。自ら問うことをやめて、久しいのではないか。いったん〝あたりまえ〟を疑いだしたら自分の身が危うい、と思う。他者の顔はまともに見ないことにする……。コロナ禍で全体主義的管理・統制が強まるなかで、私は何かを始めることができるだろうか。執筆者の一人ひとりは、毎日の生活・仕事の場から問いなおし、何事かを始め、その中で深められた論考を本特集に託された。この本を手にとって頂いた読者との間ではじまる対話に期待したいと思う。

本の泉社新舩海三郎氏には、見通しのたてにくい状況の中で、本書の出版を実現していただき深く感謝したい。

総合人間学会出版企画委員長　中村　俊

著者一覧（執筆順）

古沢広祐（ふるさわこうゆう／國學院大学研究開発推進機構客員教授／持続可能社会論・環境社会経済学）

西郷南海子（さいごうみなこ／滋賀短期大学／教育学・教育哲学）

長谷川万希子（はせがわまきこ／高千穂大学／保健医療社会学）

野口友康（のぐちともやす／東京大学大学院学術研究員、立命館大学生存学研究所客員研究員、ＮＰＯ法人予防接種被害者をささえる会／予防接種施策）

木村武史（きむらたけし／筑波大学／宗教学・アメリカ研究）

布施　元（ふせもとい／都留文科大学非常勤講師／環境思想・共生社会思想）

書籍のバックナンバー、オンラインジャーナルに関する情報は以下をご参照ください。

・総合人間学会ホームページ　http://synthetic-anthropology.org/

・総合人間学会書籍案内　http://synthetic-anthropology.org/?page_id=50

・総合人間学会オンラインジャーナル　http://synthetic-anthropology.org/?page_id=334

総合人間学 15（特別号）

コロナ禍を生きぬく、
問いあい・思いやる社会を創造できるか
～いのちのつながり、子どものまなびと学術の自由の危機が問うもの

2021年9月16日　初版第１刷発行

編　集　　総合人間学会

発行者　　新舩 海三郎

発行所　　株式会社 本の泉社
〒112-0005 東京都文京区水道2-10-9
板倉ビル２階
TEL. 03-5810-1581　FAX. 03-5810-1582

印　刷　　音羽印刷 株式会社

製　本　　株式会社 村上製本所

ＤＴＰ　　木椋 隆夫